Kryptowährungen Komplett-Anleitung

Erfahren Sie die besten Anlagestrategien und die Geheimnisse der Blockchain für den Handel mit Bitcoin, Ethereum und Altcoins.

WALTER MEYER

© Copyright 2024

Der Inhalt dieses Buches darf nicht vervielfältigt werden, vervielfältigt oder übertragen werden ohne die schriftliche Zustimmung des Autors oder des Herausgebers. Sie darf unter keinen Umständen dem Herausgeber zugeschrieben werden, oder der Autor, keine rechtliche Schuld oder Haftung für irgendwelche Schäden, Entschädigungen oder finanzielle Verluste aufgrund von Informationen die in diesem Buch enthalten sind. Sowohl direkt als auch indirekt.

Rechtlicher Hinweis: Dieses Buch ist urheberrechtlich geschützt. Dieses Buch ist nur für den persönlichen Gebrauch bestimmt. Es darf nicht verändert werden, zu verbreiten, zu verkaufen, zu verwenden, zu zitieren oder zu paraphrasieren Teil oder Inhalt dieses Buches ohne Zustimmung des Autors oder der Herausgeber.

Buchindex

EINFÜHRUNG   5

KAPITEL 1   7

- Was ist eine Kryptowährung?   7
- Wie funktioniert die Blockchain?   8
- Grundsatz der Dezentralisierung   10
- Bitcoin, Ethereum, Altcoin und Shitcoin   12
- Die Geschichte des Bitcoin: Von der Idee zur Finanzrevolution   17
- Bitcoin im Jahr 2024: Die Auswirkungen der Halbierung auf die Kryptowährung   20

KAPITEL 2   22

- Wie man Kryptowährungen kauft.   22
- Cryptocurrency Exchanges - Ein Leitfaden zum Verständnis der Unterschiede   24
- Wallet Choice: Kryptowährungen mit Bedacht schützen   26
- Einkaufen auf dezentralen Börsen.   28

KAPITEL 3   30

- Kurzfristige Anlagestrategien auf dem Kryptowährungsmarkt   30
- Langfristige Anlagestrategien in der dynamischen Welt der Kryptowährungen   32
- Der Constant Purchase Plan (CAP) auf Bitcoin: Eine langfristige strategische Vision   34
- Der Einsatz von Bots im Kryptowährungshandel   36

KAPITEL 4   39

- Technische vs. fundamentale Analyse von Kryptowährungen   40
- RSI, Candlesticks, Unterstützungen und Widerstände - wichtige technische Analysewerkzeuge   42
- Mobile Durchschnittswerte   45
- Doppeltes Maximum und doppeltes Minimum   47

KAPITEL 5   51

- Die Psychologie des Investierens in Kryptowährungen: Eine Reise in die Gedankenwelt des Anlegers   52
- Zeitstrategien: Langfristig vs. Kurzfristig   53
- Gewinnmanagement beim Handel mit Kryptowährungen: Ein Gleichgewicht zwischen Rationalität und Emotion   55
- Verlustmanagement beim Handel mit Kryptowährungen   57

Die Besteuerung von Kryptowährungen in Italien: Ein Weg durch Vorschriften und steuerliche Auswirkungen   59

BONUS KAPITEL   **63**

Entschlüsselung des Potenzials eines Altcoin-Projekts.   63

Tokenomics   65

Die Bedeutung des Nutzens bei Altcoin-Projekten   67

Token-Inhaber und Team: Das schlagende Herz eines Altcoin-Projekts   68

Navigieren im Meer der Kryptowährungen: Wie man vielversprechende Altcoins ausfindig macht   70

Der Einfluss von Influencern auf Altcoins   72

EINFÜHRUNG

Die Zukunft des Geldes und des Investierens in Kryptowährungen

In der sich schnell verändernden Finanzwelt ist eine stille Revolution im Gange. Es ist eine Revolution, die unsere traditionelle Denkweise über Geld, Investitionen und finanzielle Souveränität in Frage stellt. Diese Revolution hat einen Namen: Kryptowährung. Mit dem Aufkommen von Bitcoin im Jahr 2009 wurde eine Büchse der Pandora mit Möglichkeiten, Fragen und vor allem Chancen geöffnet. "Investieren in Kryptowährungen" ist nicht nur eine Erkundung dieses neuen finanziellen Horizonts, sondern auch ein Leitfaden für die Navigation durch unbekannte Gewässer, um nicht nur zu verstehen, wie man investiert, sondern auch, warum das, in das wir investieren, das Konzept von Wert und Austausch neu definiert.

Im ersten Kapitel dieser Reise werden wir die Grundlagen erkunden: Was ist eine Kryptowährung? Wie funktioniert die Blockchain, die revolutionäre Technologie hinter diesen neuen Finanzinstrumenten? Und was bedeutet es, in einer Welt zu leben, in der das Prinzip der Dezentralisierung nicht nur eine Idee, sondern eine operative Realität ist? Wir werden Bitcoin, Ethereum, die sogenannten "Altcoins" und auch "Shitcoins" analysieren und einen umfassenden Überblick über die verschiedenen Kryptowährungen auf dem Markt geben.

Aber unsere Erkundung wird hier nicht aufhören. Die Welt der Kryptowährungen ist riesig und entwickelt sich ständig weiter. Im zweiten Kapitel werden wir uns mit der Praxis befassen und untersuchen, wie man Kryptowährungen kauft, wie Börsen funktionieren, sowohl zentralisierte als auch dezentralisierte, und welche verschiedenen Arten von Wallets es gibt, um die eigenen digitalen Investitionen sicher zu speichern.

Das dritte Kapitel ist den Anlagestrategien gewidmet. Hier tauchen wir in die Komplexität und die Feinheiten der kurzfristigen Investition in Kryptowährungen ein und erforschen Techniken wie das "Dollar Cost Averaging" (PAC) auf Bitcoin und den Einsatz von automatisierten Handelsrobotern. Dieses Kapitel ist wichtig, um zu verstehen, wie man sich auf einem Markt bewegt, der für seine Volatilität bekannt ist.

In Kapitel vier werden wir das Herzstück der Kryptowährungs-Investmentanalyse in Angriff nehmen: die technische Analyse gegenüber der Fundamentalanalyse. Hier werden wir uns mit Konzepten wie RSI, Candlesticks, Unterstützung und Widerstand und gleitenden Durchschnitten befassen, wichtige Werkzeuge für jeden Händler, der die Kräfte, die den Kryptowährungsmarkt bewegen, vollständig verstehen möchte.

Das fünfte Kapitel befasst sich mit einem oft übersehenen, aber grundlegenden Aspekt: der Psychologie des Investierens. Investitionen in Kryptowährungen sind nicht nur eine Frage von Zahlen und Daten, sondern auch von Emotionen, Wahrnehmungen und menschlichem Verhalten. In diesem Kapitel geht es um das Management von Gewinnen und Verlusten, den Vergleich zwischen langfristigen und kurzfristigen Investitionen und - ein wichtiger Aspekt für italienische Anleger - um die Besteuerung von Kryptowährungen in Italien.

Das Buch schließt mit einem Bonuskapitel für diejenigen, die noch weiter gehen wollen. Hier werden wir untersuchen, wie man ein Altcoin-Projekt bewertet, das Konzept der "Tokenomics" versteht, den Nutzen einer Kryptowährung, die Rolle von "Inhabern" und Entwicklungsteams und wie man vielversprechende neue Altcoins entdeckt. Darüber hinaus werden wir den Einfluss von Influencern auf den Kryptowährungsmarkt erörtern, ein Aspekt, der im Zeitalter der sozialen Medien immer wichtiger wird.

"Investieren in Kryptowährungen" ist nicht nur ein Buch, sondern eine Reise durch unbekanntes Terrain, voller Versprechen und Fallstricke. Unser Ziel ist es, nicht nur das Wissen, sondern auch den Kontext und das Verständnis zu vermitteln, die erforderlich sind, um diese neue Welt mit Zuversicht zu navigieren. Ob Sie nun neu in der Welt der Kryptowährungen sind oder ein erfahrener Händler, dieses Buch hat für jeden etwas zu bieten. Willkommen in der Zukunft des Geldes und des Investierens. Willkommen in der Welt der Kryptowährungen.

KAPITEL 1

Was ist eine Kryptowährung?

In einer zunehmend digitalisierten Welt spielt das Verständnis des Konzepts der Kryptowährungen eine entscheidende Rolle. Es handelt sich nicht einfach um eine neue Form von Geld, sondern um eine echte Revolution in der Art und Weise, wie wir Finanztransaktionen konzipieren und abwickeln.

Stellen wir uns die Kryptowährung zunächst als einen kühnen Reisenden auf unbekanntem Terrain vor. Dieser Reisende, das Symbol einer neuen Finanzära, ist nicht an die traditionellen Bank- und Regierungsvorschriften gebunden. Ihre Stärke liegt in ihrer digitalen, dezentralen und kryptographisch sicheren Natur. In diesem Zusammenhang stellt die Kryptowährung nicht nur ein Tauschmittel dar, sondern auch einen Ausdruck von Freiheit und Innovation.

Die Geburtsstunde der Kryptowährungen schlug 2009 mit der Einführung von Bitcoin, der ersten dezentralen digitalen Währung. Seitdem hat sich das Konzept der Kryptowährung weiterentwickelt und eine Vielzahl neuer digitaler Währungen hervorgebracht, von denen jede ihre eigenen einzigartigen Merkmale aufweist. Abgesehen von den Unterschieden haben sie jedoch alle eine Reihe grundlegender Eigenschaften gemeinsam, die das Wesen von Kryptowährungen ausmachen.

An erster Stelle steht das Konzept der Dezentralisierung. Im Gegensatz zu herkömmlichen Währungen werden Kryptowährungen nicht von einer zentralen Stelle wie einer Bank oder einer Regierung kontrolliert. Das bedeutet, dass Transaktionen und die Schaffung neuer Einheiten in einem verteilten Netzwerk von Computern oder Knotenpunkten stattfinden, die zusammenarbeiten, um eine Aufzeichnung aller Transaktionen, die so genannte Blockchain, zu führen und zu aktualisieren.

Die Blockchain, das Herzstück der Kryptowährungen, ist eine Technologie, die Sicherheit und Transparenz garantiert. Man kann sie sich als ein öffentliches und unveränderliches Hauptbuch vorstellen, in dem jede Transaktion permanent aufgezeichnet wird und für alle Teilnehmer des Netzwerks sichtbar ist. Die dezentrale Natur der Blockchain macht Kryptowährungen extrem resistent gegen Betrugs- oder Manipulationsversuche, da jede Änderung die Zustimmung der Mehrheit des Netzwerks erfordert.

Ein weiterer wichtiger Aspekt von Kryptowährungen ist die Kryptographie. Diese Technologie wird eingesetzt, um Transaktionen zu sichern, die Sicherheit von Geldern zu gewährleisten und die Schaffung neuer Einheiten zu kontrollieren. Die Kryptografie stellt sicher, dass nur der Eigentümer einer Kryptowährung mit ihr handeln kann, was ein beispielloses Maß an Sicherheit in der Finanzwelt bietet.

Kryptowährungen stellen auch einen neuen Ansatz für Anonymität und Datenschutz bei Finanztransaktionen dar. Obwohl die Transaktionen selbst in der Blockchain öffentlich sind, bleiben die Identitäten der Teilnehmer hinter kryptografischen Adressen verborgen. Dies bietet ein Maß an Privatsphäre, das herkömmliche Währungen nicht bieten können, wirft aber auch Fragen hinsichtlich der illegalen Nutzung und der Regulierung auf.

Der vielleicht faszinierendste Aspekt von Kryptowährungen ist ihr globaler Charakter. In der Welt der Kryptowährungen gibt es keine Grenzen oder geografischen Barrieren. Jeder, egal wo, mit einem Internetanschluss kann an diesem globalen Finanzsystem teilnehmen. Dies hat das Potenzial, den Zugang zu Finanzdienstleistungen zu demokratisieren, insbesondere in den Regionen der Welt, in denen das traditionelle Bankensystem unzugänglich oder ineffizient ist.

Kryptowährungen sind jedoch nicht ohne Herausforderungen. Ihre Volatilität ist wohlbekannt, und die Kursschwankungen können drastisch und plötzlich sein. Das macht sie sowohl attraktiv für Anleger, die auf schnelle Gewinne aus sind, als auch riskant für diejenigen, die nicht ausreichend informiert oder vorbereitet sind, um mit solchen Schwankungen umzugehen.

Wie funktioniert die Blockchain?

Das schlagende Herz der Kryptowährungswelt ist die Blockchain-Technologie. Aber was genau bedeutet sie und wie funktioniert sie? Um die revolutionäre Natur dieser Technologie vollständig zu verstehen, ist es unerlässlich, sich mit ihren grundlegenden Mechanismen und Auswirkungen zu befassen.

Die Blockchain kann als eine Kette von digitalen Blöcken dargestellt werden, wobei jeder Block eine Reihe von Transaktionen enthält. Diese Kette wird nicht an einem zentralen Ort gespeichert, sondern ist über ein riesiges Netz von Computern, den sogenannten Knoten, verteilt. Jeder Knoten verfügt über eine vollständige Kopie der Blockchain, die ständig und unabhängig aktualisiert wird. Wenn eine neue Transaktion getätigt wird,

wird sie an dieses Netzwerk übermittelt, wo die Knoten sie überprüfen und zu einer neuen Blockchain hinzufügen.

Doch wie wird die Echtheit dieser Transaktionen überprüft? Hier kommt der Mining-Prozess ins Spiel, ein Verfahren, das Rechenleistung und kryptografische Technik kombiniert. Mithilfe hochentwickelter Hard- und Software lösen Miner komplexe kryptografische Rätsel, um Transaktionen zu validieren und sie der Blockchain hinzuzufügen. Dieser Prozess gewährleistet nicht nur die Sicherheit und Legitimität von Transaktionen, sondern dient auch der Schaffung neuer Kryptowährungseinheiten als Belohnung für die Miner.

Die Sicherheit der Blockchain wird durch das Konzept der Unveränderlichkeit weiter erhöht. Sobald eine Transaktion bestätigt und zu einem Block hinzugefügt wurde, ist es praktisch unmöglich, sie zu ändern. Dies liegt an der Struktur der Blockchain: Jeder Block enthält eine eindeutige Kennung, den sogenannten Hash, zusätzlich zum Hash des vorherigen Blocks. Die Änderung eines Blocks würde daher die Änderung aller nachfolgenden Blöcke erfordern, was angesichts des riesigen Netzwerks der beteiligten Knotenpunkte eine fast unüberwindbare Aufgabe darstellt.

Ein weiterer wichtiger Aspekt der Blockchain ist die Transparenz. Obwohl die Identitäten der Nutzer anonym bleiben und durch kryptografische Adressen repräsentiert werden, sind die Transaktionen selbst für alle Teilnehmer des Netzes sichtbar. Dieses Maß an Transparenz bietet ein noch nie dagewesenes Maß an Rechenschaftspflicht und Rückverfolgbarkeit, ganz anders als bei herkömmlichen Finanzsystemen.

Blockchain ist nicht auf Kryptowährungen beschränkt. Ihre Anwendungen erstrecken sich auf verschiedene Bereiche, vom Gesundheitswesen bis zur Lieferkette, von der Verwaltung digitaler Rechte bis zur elektronischen Stimmabgabe. Die Fähigkeit, Daten sicher und dezentralisiert zu erfassen und zu überprüfen, eröffnet eine Welt der Möglichkeiten für ein effizientes und transparentes Informationsmanagement.

Die Blockchain-Technologie ist jedoch nicht ohne Herausforderungen. Fragen der Skalierbarkeit, des Energieverbrauchs und der Transaktionsgeschwindigkeit sind Gegenstand ständiger Forschung und Entwicklung. Projekte wie Ethereum erforschen Lösungen wie Proof of Stake (PoS), um einige dieser Einschränkungen zu überwinden und ein effizienteres und umweltfreundlicheres Netzwerk zu schaffen.

Zusammenfassend lässt sich sagen, dass Blockchain viel mehr ist als nur eine unterstützende Technologie für Kryptowährungen. Sie ist ein Meilenstein in der Computertechnik und hat das Potenzial, die Art und Weise, wie wir interagieren, Informationen austauschen und Geschäfte abwickeln, radikal zu verändern. Wie jede große Innovation bringt sie sowohl Versprechen als auch Herausforderungen mit sich und skizziert eine Zukunft, in der Transparenz, Sicherheit und Dezentralisierung eine Schlüsselrolle spielen.

Grundsatz der Dezentralisierung

Bei der Erforschung des Prinzips der Dezentralisierung öffnet sich ein Fenster zu einer Welt, in der die traditionellen Macht- und Kontrollstrukturen neu definiert werden. Dieses Konzept ist nicht nur ein technisches Merkmal von Kryptowährungen und Blockchain, sondern stellt auch eine Philosophie, eine Vision dar, die die etablierte Ordnung in Frage stellt.

Stellen Sie sich die Dezentralisierung wie einen großen Baum mit unzähligen Wurzeln vor. Jede Wurzel steht für einen Knoten im Blockchain-Netzwerk, und gemeinsam stützen sie den Baum, sodass er nicht einfach gefällt werden kann. In einem zentralisierten System hat der Baum eine einzige Wurzel, was ihn anfällig für externe Turbulenzen macht. Bei der Dezentralisierung hingegen werden Macht und Verantwortung auf alle Knoten verteilt, wodurch ein robusteres und widerstandsfähigeres System entsteht.

Ein praktisches Beispiel für dieses Prinzip findet sich in der Funktionsweise von Bitcoin-Transaktionen. Wenn ein Nutzer eine Transaktion durchführt, wird diese über das Netzwerk verbreitet und muss von mehreren Knotenpunkten überprüft werden, bevor sie als gültig angesehen wird. Dieser als "Mining" bezeichnete Prozess überprüft nicht nur die Rechtmäßigkeit der Transaktion, sondern trägt auch zur Schaffung neuer Bitcoins bei, wodurch die wirtschaftliche Macht im Netzwerk weiter verteilt wird.

Die Dezentralisierung hat auch erhebliche Auswirkungen auf die Sicherheit. In einem zentralisierten System kann ein Angriff auf einen zentralen Punkt das gesamte System gefährden. Bei einer Blockchain müsste ein Angreifer die Kontrolle über die meisten Knoten übernehmen, um das Netzwerk zu beeinflussen - eine Aufgabe, die angesichts des riesigen und dezentralen Charakters des Netzwerks nahezu unpraktisch ist. Dies macht Kryptowährungen extrem sicher gegen Betrugs- oder Manipulationsversuche.

Aus der Sicht des Nutzers bietet die Dezentralisierung mehr Autonomie und Kontrolle über die eigenen Mittel. In einem traditionellen Bankensystem werden die Gelder der Nutzer von der Bank verwaltet und kontrolliert. Bei Kryptowährungen hat jeder Nutzer über private Schlüssel die direkte Kontrolle über sein eigenes Geld, wodurch die

Notwendigkeit treuhänderischer Vermittler entfällt und die mit zentralisierten Systemen verbundenen Risiken verringert werden.

Die Dezentralisierung ist jedoch nicht ohne Herausforderungen. Eine der wichtigsten ist die Frage der Verwaltung. Wie werden in einem System ohne zentrale Autorität wichtige Entscheidungen, wie Software-Updates oder Änderungen der Netzwerkregeln, getroffen? Dies ist eine komplexe Frage, die zu Debatten und sogar zu Spaltungen innerhalb einiger Kryptowährungsgemeinschaften geführt hat.

Ein historisches Beispiel ist die Ethereum-Gabelung im Jahr 2016, die zur Schaffung von Ethereum (ETH) und Ethereum Classic (ETC) führte. Dieses Ereignis war das Ergebnis einer Meinungsverschiedenheit über den Umgang mit den Folgen einer großen Sicherheitslücke im System. Während ein Teil der Gemeinschaft die betrügerischen Transaktionen rückgängig machen wollte, um verlorene Gelder wiederherzustellen, argumentierte ein anderer Teil, dass die Unveränderlichkeit der Blockchain um jeden Preis erhalten bleiben sollte. Diese Episode zeigt, wie die Dezentralisierung zu komplexen Governance-Problemen führen kann.

Ein weiterer zu berücksichtigender Aspekt ist die Skalierbarkeit. Wenn die Zahl der Transaktionen steigt, kann es für Blockchain-Netze schwierig werden, sie effizient zu verarbeiten. Dieses Problem hat sich in Netzwerken wie Bitcoin gezeigt, wo die begrenzte Anzahl von Transaktionen, die pro Block verarbeitet werden können, manchmal zu Überlastung und hohen Transaktionskosten geführt hat. Projekte wie das Lightning Network für Bitcoin oder die verschiedenen Skalierungslösungen für Ethereum sind Beispiele dafür, wie die Gemeinschaft versucht, diese Herausforderungen zu bewältigen.

Trotz dieser Herausforderungen ist das Prinzip der Dezentralisierung nach wie vor ein Grundpfeiler in der Welt der Kryptowährungen. Es bietet ein alternatives Modell der Ressourcen- und Informationsverwaltung, bei dem Sicherheit, Transparenz und Widerstand gegen Zensur im Vordergrund stehen. Es handelt sich um ein Konzept, das über die Technologie hinausgeht und die Themen individuelle Freiheit, Innovation und Fairness berührt.

Zusammenfassend lässt sich sagen, dass die Dezentralisierung bei Kryptowährungen nicht nur ein technischer Mechanismus ist, sondern auch ein Ausdruck des kulturellen und sozialen Wandels. Sie stellt einen Schritt in Richtung einer Zukunft dar, in der Kontrolle und Macht gleichmäßig verteilt sind und in der jeder Einzelne eine aktive und bedeutende Rolle bei der Aufrechterhaltung und Steuerung des Systems hat. Dieses Prinzip ist nicht nur das Fundament, auf dem Kryptowährungen ruhen, sondern auch eine Vision, die eine neue Art des Denkens und der Interaktion in der digitalen Welt und darüber hinaus inspirieren kann.

Bitcoin, Ethereum, Altcoin und Shitcoin

Im riesigen Universum der Kryptowährungen stechen vier Begriffe aufgrund ihrer Bedeutung hervor: Bitcoin, Ethereum, Altcoin und Shitcoin. Diese Konzepte sind grundlegend für das Verständnis der Vielfalt und Komplexität des Kryptowährungsmarktes.

Wenn wir über Bitcoin sprechen, sprechen wir über einen echten Meilenstein auf dem Gebiet der Kryptowährungen. Seine Schaffung, die einer anonymen Person oder Gruppe unter dem Pseudonym Satoshi Nakamoto zugeschrieben wird, markierte den Beginn einer neuen Ära in der Finanzwelt. Die 2009 eingeführte Kryptowährung brachte eine revolutionäre Idee mit sich: eine vollständig digitale und dezentralisierte Währung, frei von der Kontrolle durch staatliche und institutionelle Stellen.

Dezentralisierung ist ein Schlüsselkonzept in der Welt von Bitcoin. Da es sich um eine digitale Währung handelt, existiert Bitcoin nicht in physischer Form, sondern in Form von verschlüsselten Daten, die in der Blockchain gespeichert sind. Die Blockchain von Bitcoin ist ein öffentliches und transparentes Hauptbuch, in dem jede Transaktion aufgezeichnet wird. Dieses Hauptbuch wird nicht von einer zentralen Stelle kontrolliert, sondern von einem verteilten Netzwerk von Knoten, d. h. von Computern, die aktiv am Bitcoin-Netzwerk teilnehmen, gepflegt.

Einer der innovativsten Aspekte von Bitcoin ist das Mining-Verfahren. Beim Mining handelt es sich um einen Mechanismus, der nicht nur Transaktionen bestätigt und in der Blockchain aufzeichnet, sondern auch der Prozess ist, durch den neue Bitcoins geschaffen werden. Miner verwenden leistungsstarke Computer, um komplexe mathematische Probleme zu lösen, und der erste, der das Problem löst, erhält eine bestimmte Anzahl von Bitcoins als Belohnung. Dieser Prozess erfordert eine enorme Menge an Rechenleistung und folglich auch Strom.

Die Sicherheit von Bitcoin wird durch die Verwendung der Public-Key-Kryptographie gewährleistet. Jeder Nutzer des Bitcoin-Netzwerks hat ein Schlüsselpaar: einen öffentlichen Schlüssel, der mit jedem geteilt werden kann, und einen privaten Schlüssel, der geheim bleiben muss. Wenn ein Benutzer Bitcoin sendet, signiert er die Transaktion mit seinem privaten Schlüssel, während der öffentliche Schlüssel dazu dient, zu überprüfen, ob die Transaktion tatsächlich von diesem bestimmten Benutzer gesendet wurde.

Ein weiterer wichtiger Aspekt von Bitcoin ist sein begrenztes Angebot. Im Gegensatz zu traditionellen Währungen, die von Regierungen unbegrenzt gedruckt werden können, wurde das Gesamtangebot von Bitcoin absichtlich auf 21 Millionen Einheiten begrenzt.

Diese Begrenzung wurde entwickelt, um eine Inflation zu verhindern und die Knappheit und den Wert von Ressourcen wie Gold zu imitieren. Diese Entscheidung führte zur Entwicklung des Konzepts des "Halving" - ein Ereignis, das etwa alle vier Jahre stattfindet und bei dem die Belohnung für das Schürfen neuer Blöcke um die Hälfte reduziert wird. Dieser Prozess soll die Schaffung neuer Bitcoins verlangsamen und eine Art abnehmende Inflation simulieren, bis die Höchstgrenze von 21 Millionen erreicht ist.

Die Einführung von Bitcoin hat den Weg für unzählige Innovationen in der Finanztechnologie geebnet. Sie hat das traditionelle Konzept von Geld und Transaktionen in Frage gestellt und gezeigt, dass ein globales, effizientes und sicheres Zahlungssystem außerhalb von Grenzen und institutionellen Kontrollen existieren kann. Bitcoin ist nicht nur eine Währung, sondern auch eine Bewegung, ein Beispiel dafür, wie Technologie genutzt werden kann, um integrativere, transparentere und fairere Finanzsysteme zu schaffen.

Zusammenfassend lässt sich sagen, dass Bitcoin nicht nur das erste, sondern auch eines der einflussreichsten und revolutionärsten Beispiele für Kryptowährungen ist. Mit seinem dezentralen Netzwerk, dem Mining-System, der kryptografischen Sicherheit und dem begrenzten Angebot ist Bitcoin nicht nur eine Kryptowährung, sondern auch ein Symbol für Innovation und Freiheit in der modernen Finanzwelt.

Ethereum, 2015 von Vitalik Buterin und einem Team visionärer Entwickler ins Leben gerufen, stellt einen bedeutenden Wendepunkt in der Kryptowährungslandschaft dar. Im Gegensatz zu Bitcoin wurde Ethereum nicht nur als Kryptowährung, sondern als dezentrale Plattform für die Entwicklung und Ausführung von verteilten Anwendungen und intelligenten Verträgen konzipiert. Diese Plattform ebnete den Weg für eine neue Ära von Blockchain-Anwendungen.

Intelligente Verträge sind das Herzstück der Innovation von Ethereum. Sie sind autonome Programme, die genau so ausgeführt werden, wie sie programmiert sind, ohne die Möglichkeit von Zensur, Ausfallzeiten, Betrug oder Einmischung Dritter. Diese intelligenten Verträge sind selbstausführend und selbstüberprüfbar, d. h., wenn bestimmte Bedingungen erfüllt sind, wird der Vertrag automatisch aktiviert und die programmierte Vereinbarung zwischen den Parteien ausgeführt.

Die Stärke von Ethereum liegt in seiner Fähigkeit, Prozesse zu automatisieren, zuverlässige digitale Vereinbarungen zu schaffen und komplexe Transaktionen ohne Zwischenhändler zu erleichtern. Dies hat erhebliche Auswirkungen auf verschiedene Sektoren, vom Finanzwesen bis zur Lieferkette, von Wahlsystemen bis zu digitalen Identitäten, und bietet ein noch nie dagewesenes Maß an Sicherheit, Transparenz und Effizienz.

Ether (ETH), die native Währung von Ethereum, dient als Treibstoff für das Netzwerk. Sie wird verwendet, um Miner zu entlohnen, die Transaktionen und intelligente Verträge auf der Plattform validieren. Ether ist nicht nur eine digitale Währung, sondern ein wesentliches Element für das Funktionieren des Ethereum-Ökosystems, das es Entwicklern ermöglicht, die Ressourcen des Netzwerks zu nutzen.

Eine Besonderheit von Ethereum ist das Konzept des "Gas", ein Maß für die Rechenarbeit, die zur Ausführung von Transaktionen und intelligenten Verträgen erforderlich ist. Jede Transaktion oder Vertragsausführung im Ethereum-Netzwerk erfordert eine bestimmte Menge an Gas, die in Ether bezahlt wird. Das Gas dient als Anreiz für Miner, Transaktionen und Smart Contracts zu verarbeiten und so den effizienten Betrieb des Netzwerks zu gewährleisten.

Diese Gasstruktur trägt auch dazu bei, Probleme wie Spam-Angriffe und Netzwerküberlastungen zu verhindern. Durch die Festlegung von Kosten für jede Operation verhindert Ethereum die missbräuchliche Nutzung seiner Ressourcen und stellt sicher, dass das Netzwerk effizient und sicher bleibt.

Die Innovation von Ethereum ist damit noch nicht zu Ende. Die Plattform hat das Konzept der dezentralen Anwendungen (DApps) eingeführt, die auf der Ethereum-Blockchain laufen und immun gegen Zensur, Ausfallzeiten oder Kontrolle durch Dritte sind. DApps können von Spielen bis zu dezentralen Börsenplattformen, von nicht-fungiblen Token-Märkten (NFT) bis zu dezentralen Finanzlösungen (DeFi) reichen.

Das Ethereum-Ökosystem hat ein ganzes Universum an neuen Kryptowährungen und Token hervorgebracht, die als ERC-20-Token bekannt sind und zum Standard für die Schaffung neuer digitaler Vermögenswerte auf der Ethereum-Plattform geworden sind. Dies führte zu einer Explosion von Innovationen und ermöglichte es Projekten verschiedenster Art, die Sicherheit und Vielseitigkeit des Ethereum-Netzwerks zu nutzen, um ihre eigenen Währungen und Dienstleistungen zu starten.

Darüber hinaus geht Ethereum proaktiv die Herausforderungen in Bezug auf Skalierbarkeit und Effizienz an. Mit der Einführung von Upgrades wie Ethereum 2.0, das den Übergang von einem auf Proof of Work (PoW) basierenden Konsensmechanismus zu einem auf Proof of Stake (PoS) basierenden Mechanismus beinhaltet, zielt Ethereum darauf ab, seine Umweltauswirkungen deutlich zu reduzieren und seine Fähigkeit zur Abwicklung eines größeren Transaktionsvolumens zu verbessern.

Zusammenfassend lässt sich sagen, dass Ethereum eine der einflussreichsten und revolutionärsten Blockchain-Plattformen ist. Mit seiner Fähigkeit, Smart Contracts, DApps und eine breite Palette digitaler Token zu unterstützen, ist Ethereum nicht nur eine Kryptowährung, sondern eine grundlegende technologische Infrastruktur, die die

Zukunft der digitalen und Online-Interaktion prägt. Seine kontinuierliche Weiterentwicklung und Anpassungsfähigkeit zeigen, dass es das Potenzial hat, auch in den kommenden Jahren eine dominierende Kraft im Blockchain-Ökosystem zu bleiben.

Der Begriff "Altcoin" steht für eine äußerst vielfältige Kategorie von Kryptowährungen, die sich in ihren Eigenschaften, ihrem Zweck und ihren Werten von Bitcoin, dem Pionier auf diesem Gebiet, unterscheiden. Diese alternativen Währungen bieten einen Überblick über die vielen Richtungen, die die Innovation bei Kryptowährungen einschlagen kann.

Litecoin zum Beispiel war einer der ersten Altcoins, der 2011 von Charlie Lee mit der Absicht gegründet wurde, bestimmte Aspekte von Bitcoin zu verbessern, etwa die Transaktionsgeschwindigkeit. Durch die Verwendung eines anderen Mining-Algorithmus namens Scrypt wollte Litecoin die Transaktionsbestätigungszeiten verkürzen und das Mining auch für Nutzer mit weniger fortschrittlicher Hardware zugänglich machen.

Dash, ein weiterer wichtiger Altcoin, konzentrierte sich auf Privatsphäre und Transaktionseffizienz. Der 2014 eingeführte Dash bietet Funktionen wie InstantSend und PrivateSend, die nahezu sofortige Transaktionen und einen höheren Grad an Anonymität ermöglichen. Diese Funktionen machen Dash zu einer beliebten Wahl für diejenigen, die mehr Privatsphäre bei ihren digitalen Finanztransaktionen wünschen.

Ripple (XRP) sticht in der Altcoin-Landschaft durch seinen Fokus auf internationale Finanztransaktionen hervor. Anstatt einfach nur als digitale Währung zu fungieren, zielt Ripple darauf ab, schnelle und kostengünstige Überweisungen zwischen verschiedenen Währungen zu ermöglichen und richtet sich in erster Linie an Finanzinstitute und globale Zahlungssysteme. XRP, die native Kryptowährung von Ripple, dient als Tauschmittel in seinem Netzwerk und fungiert als Brücke zwischen verschiedenen Währungen bei internationalen Transaktionen.

Chainlink, das 2017 eingeführt wurde, zielt darauf ab, Daten aus der realen Welt über ein Netzwerk dezentraler Orakel in die Blockchain zu integrieren. Dadurch können intelligente Verträge mit externen Informationen und Ereignissen interagieren, was ihren Nutzen und ihre Anwendbarkeit in verschiedenen Sektoren erheblich erweitert.

Das Altcoin-Ökosystem ist nicht auf diese wenigen Kryptowährungen beschränkt. Es handelt sich um ein sich schnell entwickelndes Feld, in dem regelmäßig neue Münzen auftauchen, jede mit ihren eigenen einzigartigen Merkmalen und ihrem eigenen Potenzial. Einige Altcoins erforschen neue technologische Grenzen wie ökologische Nachhaltigkeit oder Widerstand gegen Zensur. Andere sind auf bestimmte Sektoren ausgerichtet und bieten maßgeschneiderte Lösungen für bestimmte Bedürfnisse.

Diese Dynamik macht das Altcoin-Ökosystem zu einem fruchtbaren Boden für Anleger und Nutzer, der eine breite Palette von Möglichkeiten bietet. Anleger können

Vermögenswerte finden, die ihren Risikopräferenzen, Interessen und Überzeugungen über das langfristige Potenzial einer bestimmten Kryptowährung entsprechen.

Trotz der aufregenden Vielfalt und der unzähligen Möglichkeiten, die Altcoins bieten, ist es wichtig, sich diesem Markt mit Vorsicht zu nähern. Volatilität und Spekulation sind übliche Aspekte dieser Branche, und das Risiko, auf nicht vertrauenswürdige oder betrügerische Projekte zu stoßen, ist immer vorhanden. Es ist wichtig, dass Investoren gründliche Nachforschungen anstellen und das Potenzial und die Robustheit jedes Projekts sorgfältig prüfen, bevor sie sich zu einer Investition verpflichten.

Altcoins sind nicht einfach nur Alternativen zu Bitcoin; sie sind Vertreter einer sich ständig weiterentwickelnden Branche, jede mit ihrer eigenen einzigartigen Vision und ihrem potenziellen Beitrag zur digitalen und finanziellen Landschaft. Mit jeder neuen Kryptowährung, die auf den Markt kommt, entstehen neue Herausforderungen und Möglichkeiten, die die kontinuierliche Dynamik und Innovation widerspiegeln, die die Welt der Kryptowährungen kennzeichnen.

Der Begriff "Shitcoin", der umgangssprachlich im Zusammenhang mit Kryptowährungen verwendet wird, bezieht sich auf digitale Währungen mit geringem oder gar keinem inneren Wert und zweifelhaften langfristigen Aussichten. Diese Kategorie von Kryptowährungen wird häufig mit hochspekulativen Investitionen und in einigen Fällen mit betrügerischen Machenschaften in Verbindung gebracht.

Shitcoins sind häufig das Ergebnis aggressiver Marketingkampagnen, die darauf abzielen, einen Hype um ein Produkt zu erzeugen, ohne dass es dafür eine technologische Grundlage oder einen konkreten Anwendungsfall gibt. Diese Münzen zeichnen sich durch eine laute Markteinführung aus, bei der schnelle und einfache Gewinne versprochen werden, aber wenig oder gar keine Informationen über den tatsächlichen Wert oder die Innovation, die sie bringen.

Eines der problematischsten Merkmale von Shitcoins ist das Fehlen eines soliden Projekts hinter ihnen. Viele dieser Kryptowährungen verfügen weder über ein detailliertes Weißbuch noch über ein anerkanntes Entwicklungsteam oder einen klaren Fahrplan für die künftige Entwicklung. In vielen Fällen scheint ihr einziges Ziel darin zu bestehen, unvorsichtige Investoren anzulocken und dann mit den eingenommenen Geldern zu verschwinden - eine Praxis, die als "Exit Scams" bekannt ist.

Ein weiterer beunruhigender Aspekt ist der Mangel an Transparenz. Während seriöse und etablierte Kryptowährungen offen über ihre Fortschritte und Pläne informieren, agieren Shitcoins oft im Verborgenen, ohne aussagekräftige Details über ihren Betrieb oder die Verwaltung der eingeworbenen Mittel zu liefern. Diese Undurchsichtigkeit ist ein rotes Tuch für Investoren, da sie es schwierig, wenn nicht gar unmöglich macht, die Legitimität und das Potenzial der Investition zu beurteilen.

Darüber hinaus ist das Shitcoin-Umfeld häufig durch eine extreme Preisvolatilität gekennzeichnet. Diese Instabilität wird durch spekulativen Handel und Marktmanipulationen wie "Pump and Dump" angeheizt, bei denen der Preis einer Kryptowährung künstlich aufgebläht und dann zu überhöhten Preisen an ahnungslose Anleger verkauft wird. Diese Praktiken sind nicht nur ethisch fragwürdig, sondern bergen auch ein erhebliches Risiko finanzieller Verluste für die Anleger.

Anleger müssen bei der Bewertung von Kryptowährungen, in die sie zu investieren beabsichtigen, besonders vorsichtig und sorgfältig sein. Es ist wichtig, gründliche Nachforschungen anzustellen, die Authentizität und Solidität des Projekts zu überprüfen und die damit verbundenen Risiken klar zu verstehen. Man sollte sich darüber informieren, wer hinter der Kryptowährung steht, welche Ziele sie verfolgt, wie sie diese erreichen will und ob es eine echte Gemeinschaft oder ein Ökosystem gibt, das das Projekt unterstützt.

Zusammenfassend lässt sich sagen, dass Shitcoins eine große Herausforderung für die Kryptowährungslandschaft darstellen. Während der Sektor Chancen für Innovation und Wachstum bietet, ist er auch ein fruchtbarer Boden für spekulative und manchmal betrügerische Machenschaften. Anleger sollten sich diesem Marktsegment mit großer Vorsicht nähern, mit einem soliden Verständnis der Marktdynamik und einer gründlichen Analyse jeder potenziellen Investition. In einer idealen Welt sollte der Erfolg einer Kryptowährung durch ihren inneren Wert und ihre Fähigkeit, reale Probleme zu lösen, bestimmt werden und nicht durch reine Spekulation oder Überverkauf.

Die Geschichte des Bitcoin: Von der Idee zur Finanzrevolution

Die Geschichte von Bitcoin ist eine faszinierende Reise in die Welt des digitalen Finanzwesens, eine Geschichte, die im Schatten eines traditionellen Finanzsystems in der Krise beginnt und sich zu einer globalen Revolution entwickelt. Seine Entstehung, Entwicklung und Auswirkungen stellen nicht nur einen technologischen Wandel dar, sondern auch eine Herausforderung für wirtschaftliche Konventionen und eine neue Vision der finanziellen Zukunft.

Die Geschichte von Bitcoin beginnt im Jahr 2008, in einer Zeit der weltweiten wirtschaftlichen Turbulenzen. Eine anonyme Person oder Gruppe unter dem Pseudonym Satoshi Nakamoto veröffentlicht das Weißbuch "Bitcoin: A Peer-to-Peer Electronic Cash System". In diesem Papier wird ein revolutionäres Konzept vorgestellt: eine dezentralisierte digitale Währung, die keine Vermittler für Transaktionen benötigt. Bitcoin ist nicht nur eine technische Antwort auf wirtschaftliche Probleme, sondern auch ein Manifest für eine neue Finanzordnung.

Am 3. Januar 2009 gebar Nakamoto mit dem Mining des ersten Blocks, dem sogenannten Genesis-Block, den Bitcoin. Dieses Ereignis markiert die Geburt des Bitcoin-Netzwerks und den Beginn einer neuen Ära in der Welt des digitalen Geldes. Der Genesis-Block enthält eine kritische Botschaft an die traditionellen Finanzinstitute, in der die Notwendigkeit eines gerechteren und transparenteren Systems betont wird.

In den ersten Jahren blieb Bitcoin ein Nischenphänomen, das die Aufmerksamkeit einer kleinen Gemeinschaft von Kryptographie- und Technologie-Enthusiasten auf sich zog. Das Peer-to-Peer-Netzwerk und die Blockchain-Technologie bieten jedoch eine beispiellose Lösung für das Problem des Vertrauens in Online-Transaktionen und stoßen allmählich auf breiteres Interesse.

Der wirkliche Durchbruch kam, als Bitcoin begann, einen monetären Wert zu erlangen. Im Mai 2010 machte der Bitcoin seinen ersten bedeutenden Schritt in die reale Welt. Ein Programmierer in Florida, Laszlo Hanyecz, kaufte zwei Pizzen für 10.000 Bitcoins, was die erste aufgezeichnete kommerzielle Transaktion mit Bitcoin sein sollte. Dieses Ereignis begründete nicht nur einen greifbaren Wert für Bitcoin, sondern markierte auch den Beginn einer neuen Ära für die digitale Währung und demonstrierte ihr Potenzial als funktionales Tauschmittel. Von hier an begann der Wert von Bitcoin zu steigen, wenn auch mit einer Volatilität, die zu einem seiner bestimmenden Merkmale werden sollte.

Mit der zunehmenden Popularität von Bitcoin wachsen auch die technischen Herausforderungen. Die Frage der Skalierbarkeit wird zentral, da das ursprüngliche Bitcoin-Netzwerk nur eine begrenzte Anzahl von Transaktionen pro Sekunde verarbeiten kann. Dieses Problem löst intensive Debatten innerhalb der Gemeinschaft aus und führt zu mehreren Forks der ursprünglichen Blockchain, wie z. B. Bitcoin Cash, das eine höhere Transaktionskapazität pro Block vorschlägt.

Parallel zu den technischen Herausforderungen wird Bitcoin allmählich in das breitere Finanzsystem integriert. Es entstehen regulierte Tauschplattformen, die die Sicherheit und Legitimität von Bitcoin-Transaktionen erhöhen. Die Akzeptanz von Bitcoin als Zahlungsmittel durch Händler und Unternehmen signalisiert eine Verschiebung der Rolle von Bitcoin im globalen Wirtschaftssystem.

Bitcoin wird zu einem Symbol des Widerstands gegen ein zentralisiertes und undurchsichtiges Finanzsystem. Er zieht Unterstützer aus verschiedenen Bereichen an, von denen, die nach finanzieller Freiheit streben, bis hin zu denen, die sich für die zugrunde liegende Technologie interessieren. Bitcoin inspiriert eine ganze Bewegung in Richtung Kryptowährungen und Dezentralisierung und verändert die Art und Weise, wie Menschen über Geld und dessen Verwaltung denken.

Trotz seiner Herausforderungen hat Bitcoin im Laufe der Jahre zunehmend an Legitimität gewonnen. Die Integration in stärker regulierte Börsenplattformen und die Übernahme durch Unternehmen und Händler waren wichtige Schritte auf dem Weg von einem Nischenphänomen zu einem anerkannten Finanzwert. Das Interesse institutioneller Anleger hat seine Position auf dem Finanzmarkt weiter gestärkt.

Parallel zu seinem wirtschaftlichen Wachstum hat Bitcoin einen bedeutenden sozialen und kulturellen Einfluss gehabt. Er ist zu einem Symbol für finanzielle Unabhängigkeit geworden, das traditionelle Konventionen der Geldkontrolle in Frage stellt und Debatten über finanzielle Autonomie und Privatsphäre anregt. Seine Existenz hat viele dazu veranlasst, über die Bedeutung und Zukunft des Geldes in einem zunehmend digitalen Zeitalter nachzudenken.

Auf der technologischen Seite hat sich Bitcoin weiterentwickelt. Innovationen wie das Lightning Network haben versucht, die Herausforderungen der Skalierbarkeit zu überwinden und Transaktionen schneller und effizienter zu machen. Diese Entwicklungen haben dazu beigetragen, dass Bitcoin eine praktischere und vielseitigere Option für eine Vielzahl von Anwendungen ist.

Bitcoin-Halbierungsereignisse, einschließlich der jüngsten, wie das Halbierungsereignis 2024, haben einen erheblichen Einfluss auf die interne Wirtschaft der Kryptowährung gehabt. Diese Ereignisse, die die Belohnung für das Mining neuer Bitcoins um die Hälfte reduzieren, sind entscheidende Momente, die die Wahrnehmung von Bitcoin als knappe digitale Ressource und seinen zukünftigen Wert beeinflussen.

Zusammenfassend lässt sich sagen, dass die Geschichte von Bitcoin von 2010 bis 2024 ein Zeugnis für das revolutionäre Potenzial digitaler Technologien ist. Durch Herausforderungen, Innovationen und Veränderungen ist Bitcoin mehr als nur eine Kryptowährung geworden; es ist ein Symbol für eine neue Denkweise über Finanzen, Technologie und Gesellschaft geworden. Diese Geschichte von Bitcoin ist nicht nur die Geschichte einer digitalen Währung, sondern die Geschichte eines bedeutenden Wandels in der Art und Weise, wie wir mit Werten, Geld und der globalen Wirtschaft umgehen.

Bitcoin im Jahr 2024: Die Auswirkungen der Halbierung auf die Kryptowährung

Die Halbierung von Bitcoin im Jahr 2024 ist ein Moment, der einen Wendepunkt in der Geschichte dieser Kryptowährung verkörpert. Dieses Ereignis, das durch die Reduzierung der Miner-Belohnungen gekennzeichnet ist, ist mehr als nur eine technische Veränderung: Es ist ein Phänomen, das die Wirtschaft von Bitcoin und seine Wahrnehmung in der Finanzwelt tiefgreifend beeinflusst.

Die Halbierung erfolgt in regelmäßigen Abständen, etwa alle vier Jahre, als Teil der ursprünglichen Programmierung von Bitcoin. Dieser einzigartige Mechanismus zielt darauf ab, den Erschöpfungsprozess einer natürlichen Ressource wie Gold nachzuahmen, indem eine Form der digitalen Knappheit geschaffen wird. Im Jahr 2024 wird sich die Belohnung für das Schürfen eines neuen Blocks von 6,25 auf 3,125 Bitcoins halbieren, eine Änderung, die sich unweigerlich auf das Angebot neuer Bitcoins auf dem Markt auswirken wird.

Wert- und Nachfrageanalyse Die hitzigste Debatte betrifft die Auswirkungen einer Halbierung auf den Wert von Bitcoin. In der Vergangenheit hatten frühere Halbierungen einen signifikanten Einfluss auf den Bitcoin-Preis und führten oft zu einem Anstieg des Wertes in den Monaten nach dem Ereignis. Dieses Phänomen lässt sich mit der Knappheitstheorie erklären: Durch die Verringerung des Angebots an neuen Bitcoins bei gleichbleibender oder sogar steigender Nachfrage steigt der Preis tendenziell an. Es ist jedoch wichtig zu bedenken, dass der Markt für Kryptowährungen von einer Vielzahl von Faktoren beeinflusst wird, und die Halbierung ist nur einer von ihnen.

Auswirkungen auf Miner und Folgen für das Netzwerk Für Bitcoin-Miner stellt die Halbierung eine große Herausforderung dar. Geringere Belohnungen bedeuten, dass das Mining weniger profitabel werden könnte, insbesondere für diejenigen, die mit geringen Gewinnspannen arbeiten. Dies könnte dazu führen, dass die Mining-Aktivitäten neu überdacht werden, was sich auf die Verteilung und die Rechenleistung des Netzwerks auswirken könnte. Eine mögliche Folge ist die zunehmende Zentralisierung des Minings in Gebieten, in denen die Energiekosten niedriger sind, was sich auf die Sicherheit und Stabilität des Bitcoin-Netzwerks auswirken könnte.

Marktspekulationen und Anlegerreaktionen Die Halbierung weckt großes Interesse bei Anlegern und Marktanalysten, die versuchen vorherzusagen, wie der Bitcoin-Preis reagieren wird. Während einige die Halbierung als potenziellen Katalysator für einen Preisanstieg sehen, warnen andere vor unrealistischen Erwartungen und verweisen auf den Einfluss anderer Marktfaktoren und die inhärent volatile Natur von Kryptowährungen.

Makroökonomische Überlegungen Bei der Halving-Analyse darf das globale makroökonomische Umfeld nicht außer Acht gelassen werden. Faktoren wie die Geldpolitik der Zentralbanken, politische Instabilität und globale wirtschaftliche Bedingungen spielen eine wesentliche Rolle bei der Gestaltung der Nachfrage nach Vermögenswerten wie Bitcoin. In einem Umfeld wirtschaftlicher Unsicherheit könnte Bitcoin als sicherer Hafen wahrgenommen werden, was seinen Wert nach der Halbierung positiv beeinflusst.

Zukunftsperspektiven für Bitcoin Wenn man über die Halbierung im Jahr 2024 hinausschaut, ist klar, dass Bitcoin ein sich entwickelndes Experiment im digitalen Finanzwesen bleibt. Es ist ein Test für die Widerstandsfähigkeit und Nachhaltigkeit eines alternativen, dezentralen Geldsystems. Die Halbierung ist ein entscheidender Moment in diesem Experiment, der die Fähigkeit von Bitcoin testet, sich anzupassen, weiterzuentwickeln und seine Führungsrolle unter den Kryptowährungen zu behaupten.

Letztendlich ist die Halbierung im Jahr 2024 ein Schlüsselereignis auf der Reise von Bitcoin, das Veränderungen, Herausforderungen und Chancen mit sich bringt. Auch wenn über die genauen Auswirkungen noch spekuliert werden kann, besteht kein Zweifel daran, dass es ein Meilenstein für die Bitcoin-Gemeinschaft, Investoren und Marktbeobachter sein wird. Mit jeder Halbierung schreibt Bitcoin ein neues Kapitel in seiner Geschichte, eine Geschichte von Innovation, Anpassung und vor allem einer kühnen Vision für die Zukunft des Geldes.

KAPITEL 2

Wie man Kryptowährungen kauft.

In dem riesigen und komplizierten Universum der Kryptowährungen mag der Kauf dieser digitalen Währungen zunächst wie eine Reise durch ein technologisches Labyrinth erscheinen. Mit der richtigen Anleitung und einem klaren Verständnis der beteiligten Prozesse erweist sich diese Reise jedoch nicht nur als zugänglich, sondern auch als äußerst lohnend. In diesem Kapitel tauchen wir in die Welt des Kaufs von Kryptowährungen ein und zeigen Ihnen Schritt für Schritt, wie Sie sich in dieser sich ständig verändernden digitalen Landschaft zurechtfinden.

Zunächst ist es wichtig zu verstehen, dass der Kauf von Kryptowährungen nicht mit dem Kauf traditioneller Vermögenswerte oder herkömmlicher Währungen vergleichbar ist. Hier tauchen wir in ein Ökosystem ein, das nach radikal anderen Prinzipien funktioniert und von fortschrittlichen Technologien wie Blockchain und Kryptografie angetrieben wird. Dieser Teil des Buches ist nicht nur ein Betriebshandbuch, sondern auch eine Reise durch die Konzepte und Praktiken, die den Kauf von Kryptowährungen zu einer einzigartigen Erfahrung machen.

Zunächst einmal ist es wichtig, eine zuverlässige Plattform für den Kauf von Kryptowährungen zu wählen. Diese Plattformen, die gemeinhin als Kryptowährungsbörsen bekannt sind, fungieren als Vermittler zwischen Käufern und Verkäufern. Aber wie wählt man die richtige Börse aus? Die Antwort liegt in einer Kombination aus Sicherheit, Benutzerfreundlichkeit und den erhobenen Gebühren. Die Sicherheit ist ein nicht zu unterschätzender Faktor: Es geht darum, seine Ersparnisse in einen digitalen Vermögenswert zu investieren, daher ist es von entscheidender Bedeutung, dass die gewählte Plattform in Bezug auf den Schutz der Daten und Gelder der Nutzer robust ist. Die zuverlässigsten sind Binance, Crypto.com und CoinGeko.

Sobald die Börse ausgewählt wurde, ist der nächste Schritt die Registrierung. Dieser Prozess kann von Plattform zu Plattform unterschiedlich sein, umfasst aber im Allgemeinen die Überprüfung der Identität des Nutzers. Dieser Schritt, bekannt als KYC (Know Your Customer), ist entscheidend, um Betrug und Geldwäsche zu verhindern. Auch wenn es wie ein bürokratisches Hindernis erscheinen mag, schützt dieser Prozess sowohl den Nutzer als auch das Kryptowährungsökosystem als Ganzes.

Als Nächstes kommt die Zeit der Einzahlung von Geld an der Börse. Hier hat der Nutzer in der Regel die Möglichkeit, Fiat-Geld (wie Euro, Dollar usw.) über verschiedene Zahlungsmethoden zu transferieren: Banküberweisungen, Kredit- oder Debitkarten und manchmal sogar über Online-Zahlungsdienste. Es ist wichtig, sich über die Gebühren für die einzelnen Einzahlungsmethoden zu informieren, da diese sehr unterschiedlich sein können und sich auf die Effizienz der eigenen Investition auswirken.

Nachdem Sie Geld eingezahlt haben, kommen Sie zum Kern des Geschehens: dem Kauf von Kryptowährungen. Die meisten Börsen bieten eine Vielzahl von Kryptowährungen zur Auswahl an, von den etablierteren wie Bitcoin und Ethereum bis hin zu aufstrebende Währungen, die große Innovationen versprechen. Hier muss der Händler eine fundierte Entscheidung treffen, die nicht nur auf Intuition, sondern auch auf einer gründlichen Analyse des Marktes und der spezifischen digitalen Währungen beruht. Es ist eine Zeit, in der Strategie, Geduld und Forschung miteinander verknüpft sind.

Der eigentliche Kauf kann auf verschiedene Weise erfolgen, die gängigsten sind jedoch der Marktauftrag und der Limitauftrag. Mit dem Marktauftrag können Sie Kryptowährungen zum aktuellen Marktpreis kaufen, während Sie mit dem Limitauftrag einen bestimmten Preis festlegen können, zu dem Sie kaufen möchten. Diese Wahl hängt von der eigenen Anlagestrategie ab: sofortiger Kauf oder Warten auf eine günstigere Marktlage.

Nach dem Kauf ist die Verwaltung der erworbenen Kryptowährungen ein wichtiger Aspekt. Kryptowährungen können an der Börse gelagert werden, aber für zusätzliche Sicherheit entscheiden sich viele Anleger dafür, sie in eine digitale Brieftasche oder Wallet zu übertragen. Wallets bieten ein höheres Maß an Sicherheit, da sie es ermöglichen, Kryptowährungen außerhalb der Börse aufzubewahren und so das Risiko eines digitalen Diebstahls oder Hackings zu verringern. Dies bringt jedoch auch eine größere Haftung mit sich: Wenn Sie den Zugang zu Ihrer Brieftasche verlieren, können Sie auch den Zugang zu Ihren Kryptowährungen verlieren.

Zusammenfassend lässt sich sagen, dass der Kauf von Kryptowährungen nicht nur eine finanzielle Transaktion ist, sondern eine Erfahrung, die Wissen, Vorsicht und einen strategischen Ansatz erfordert. Von der Auswahl der richtigen Börse über den Registrierungs- und Einzahlungsprozess bis hin zum Kauf und der Verwaltung digitaler Währungen erfordert jeder Schritt Aufmerksamkeit und Verständnis.

Cryptocurrency Exchanges - Ein Leitfaden zum Verständnis der Unterschiede

In dem zunehmend verworrenen Geflecht der digitalen Finanzwelt spielen Kryptowährungsbörsen eine herausragende Rolle, da sie als Katalysatoren im Prozess des Kaufs, Verkaufs und Tauschs digitaler Währungen fungieren. Ein gründliches Verständnis dessen, was Börsen wirklich sind und worin sie sich unterscheiden, ist nicht nur für jeden Anleger entscheidend, sondern öffnet auch die Tür zu einem besseren Verständnis des gesamten Kryptowährungsökosystems. In diesem Abschnitt werden wir die Natur der Kryptowährungsbörsen erkunden und ihre Funktionen, Typen und die feinen Unterschiede, die sie unterscheiden, hervorheben.

Kryptowährungsbörsen sind digitale Plattformen, die den Kauf und Verkauf von Kryptowährungen erleichtern. Sie fungieren als Vermittler zwischen Käufern und Verkäufern und ermöglichen Transaktionen in einem sicheren und regulierten Umfeld. Das Herzstück dieser Börsen ist ein Handelsmechanismus, der es den Nutzern ermöglicht, Kryptowährungen mit anderen Kryptowährungen oder mit traditionellen Währungen wie Euro oder Dollar zu handeln. Ihre Bedeutung in der Kryptowährungsbranche darf nicht unterschätzt werden: Sie sind für die meisten Anleger das Tor zur Welt der Kryptowährungen und fungieren als Barometer für den Markt, das Preise, Trends und die Stimmung der Anleger widerspiegelt.

Es gibt hauptsächlich zwei Arten von Börsen: zentralisierte (CEX) und dezentralisierte (DEX). Zentralisierte Börsen werden von einer Organisation oder einem Unternehmen verwaltet, das die Transaktionen zwischen den Nutzern erleichtert. Diese Börsen ähneln den traditionellen Banken, da sie die Gelder der Nutzer halten und verwalten und ein hohes Maß an Benutzerfreundlichkeit, Schnelligkeit und vielfältigen Funktionen bieten. Bekannte Beispiele für CEXs sind Coinbase, Binance und Kraken. Aufgrund ihrer intuitiven Benutzeroberfläche und der Einfachheit, mit der man Geld einzahlen und mit dem Handel beginnen kann, sind sie oft die erste Wahl für neue Nutzer.

Dezentralisierte Börsen hingegen arbeiten ohne eine zentrale Behörde. Diese Plattformen stützen sich auf Blockchain-Technologien, um direkte Transaktionen zwischen den Nutzern zu erleichtern, und nutzen intelligente Verträge, um den Austauschprozess zu automatisieren. DEX wie Uniswap oder PancakeSwap bieten ein höheres Maß an Privatsphäre und Kontrolle über die eigenen Mittel, da die Transaktionen direkt zwischen den Wallets der Nutzer stattfinden. Allerdings können sie für Neulinge weniger intuitiv sein und haben oft ein begrenzteres Angebot an Kryptowährungen als ihre zentralisierten Gegenstücke.

Die Wahl zwischen einer CEX und einer DEX hängt von mehreren Faktoren ab, darunter Erfahrungsniveau, Sicherheitspräferenzen und die Art der Vermögenswerte, mit denen man handeln möchte. CEXs sind in der Regel stärker reguliert und bieten daher möglicherweise eine größere Sicherheit in Bezug auf die Einhaltung von Rechtsvorschriften, was jedoch auch zu einem geringeren Grad an Anonymität führt. Außerdem liegt die Verwahrung der Gelder in den Händen der Börse, was im Falle von Cyberangriffen eine Schwachstelle darstellen könnte. DEX hingegen bieten zwar mehr Kontrolle und Anonymität, erfordern aber eine größere Verantwortung des Nutzers für die Sicherheit seiner Gelder und ein besseres Verständnis der Blockchain-Technologie.

Neben der Unterscheidung zwischen CEX und DEX sind bei der Wahl einer Börse noch weitere Aspekte zu berücksichtigen. Die Liquidität, d. h. die Leichtigkeit und Schnelligkeit, mit der Geschäfte ausgeführt werden können, ohne den Marktpreis wesentlich zu beeinflussen, ist ein entscheidender Faktor. Eine Börse mit höherer Liquidität bietet ein besseres Handelserlebnis und ermöglicht die Ausführung größerer Aufträge, ohne große Kursschwankungen zu verursachen.

Ein weiterer zu berücksichtigender Aspekt ist die Sicherheit. Kryptowährungsbörsen waren schon oft Ziel von Hackerangriffen und Diebstahl, daher ist es wichtig, eine Börse zu wählen, die sich stark für die Sicherheit einsetzt. Dazu gehört nicht nur der Schutz der Computersysteme, sondern auch Praktiken wie die Zwei-Faktor-Authentifizierung (2FA), die kalte Lagerung von Benutzergeldern und Entschädigungsrichtlinien im Falle eines Diebstahls.

Auch die Vielfalt der angebotenen Vermögenswerte ist ein Faktor, der nicht übersehen werden sollte. Einige Händler interessieren sich vielleicht für eine breite Palette von Kryptowährungen, einschließlich weniger bekannter oder neu aufkommender Token, während andere es vorziehen, sich auf einige wenige große Kryptowährungen zu konzentrieren. Daher sollte die Wahl der Börse die eigene Anlagestrategie und die Interessen am Kryptowährungsmarkt widerspiegeln.

Darüber hinaus sind die Benutzerfreundlichkeit und die Benutzeroberfläche entscheidende Aspekte, insbesondere für Neulinge. Eine intuitive und leicht zu navigierende Benutzeroberfläche kann den Unterschied in der Handelserfahrung ausmachen, insbesondere beim Handel mit volatilen Märkten.

Schließlich sind Gebühren und Provisionen ein weiterer Aspekt, der sorgfältig zu prüfen ist. Die Börsen unterscheiden sich in ihren Gebührenstrukturen, die Gebühren für Einzahlungen, Abhebungen und Transaktionen umfassen können. Das Verständnis dieser Gebühren ist der Schlüssel zur Optimierung der eigenen Investitionen und zur Minimierung der Kosten.

Zusammenfassend lässt sich sagen, dass die Wahl einer Kryptowährungsbörse eine Entscheidung ist, die sorgfältig und nach reiflicher Überlegung getroffen werden sollte. Dazu gehört die Bewertung einer Reihe von Faktoren, von der Art der Börse bis zur Sicherheit, von der Liquidität bis zur Vielfalt der angebotenen Vermögenswerte, von der Benutzeroberfläche bis zu den Gebühren. Dieser Abschnitt soll einen detaillierten Leitfaden für die Navigation durch diese Auswahlmöglichkeiten bieten und den Anleger mit dem notwendigen Wissen ausstatten, um eine informierte und strategische Wahl im Bereich der Kryptowährungsbörsen zu treffen.

Wallet Choice: Kryptowährungen mit Bedacht schützen

Im tiefen und manchmal turbulenten Meer der Kryptowährungen ist eine Wallet, also eine digitale Brieftasche, die Lebensader für jeden Anleger. Diese Tools sind nicht nur für die sichere Aufbewahrung von Kryptowährungen, sondern auch für die Interaktion mit der digitalen Welt der Blockchain-Transaktionen unerlässlich. In diesem Abschnitt werden wir in das Universum der Kryptowährungs-Wallets eintauchen und ihre Vielfalt, Funktionen und die entscheidende Bedeutung, die sie bei der Verwaltung digitaler Währungen spielen, untersuchen.

Kryptowährungs-Wallets sind im Wesentlichen Software- oder Hardware-Geräte, die es den Nutzern ermöglichen, ihre privaten Schlüssel zu speichern und zu verwalten, d. h. die Codes, die zur Durchführung von Kryptowährungstransaktionen benötigt werden. Es handelt sich jedoch nicht nur um ein einfaches Aufbewahrungsinstrument: Wallets sind das Herzstück der Nutzerinteraktion mit der Blockchain und ermöglichen nicht nur das Senden und Empfangen von Kryptowährungen, sondern auch die Teilnahme an komplexen Transaktionen wie Smart Contracts, Staking und mehr.

Die erste wichtige Unterscheidung in der Welt der Geldbörsen ist die zwischen Software-Geldbörsen und Hardware-Geldbörsen. Software-Wallets sind Programme, die auf Computern oder Smartphones installiert werden können. Sie bieten ein gutes Gleichgewicht zwischen Zugänglichkeit und Sicherheit und ermöglichen den Nutzern eine schnelle und direkte Kontrolle über ihre Kryptowährungen. Da sie jedoch mit dem Internet verbunden sind, weisen Software-Wallets potenzielle Schwachstellen auf: Sie sind Risiken wie Phishing, Malware und Hacking stärker ausgesetzt.

Hardware-Geldbörsen hingegen, die manchmal auch als "Cold Wallets" bezeichnet werden, sind physische Geräte, die private Schlüssel offline speichern. Diese Geräte, die oft kleinen USB-Sticks ähneln, bieten ein viel höheres Maß an Sicherheit, da sie vollständig vom Internet und damit von möglichen Cyberangriffen isoliert sind. Für einen Anleger, der eine beträchtliche Menge an Kryptowährungen hält, ist eine Hardware-

Wallet fast immer die empfohlene Wahl, um eine größere Sicherheit seines Vermögens zu gewährleisten.

Neben diesen beiden Hauptkategorien gibt es verschiedene Formen und Arten von Geldbörsen, die jeweils ihre eigenen Besonderheiten haben. Desktop-, mobile, Online- und Papiergeldbörsen sind einige der verfügbaren Optionen. Desktop-Geldbörsen werden auf einem Computer installiert und bieten ein hohes Maß an Sicherheit, sofern der Computer selbst sicher und vor Schadsoftware geschützt ist. Mobile Geldbörsen hingegen bieten mehr Komfort und sind ideal für diejenigen, die häufig Transaktionen durchführen, obwohl ihre Sicherheit vom Schutzniveau des mobilen Geräts abhängt. Online-Geldbörsen, die von Dritten verwaltet werden, bieten den größten Komfort, sind aber auch mit einem höheren Risiko behaftet, da die privaten Schlüssel online gespeichert werden. Papiergeldbörsen schließlich, bei denen die privaten Schlüssel buchstäblich auf Papier gedruckt werden, sind eine äußerst sichere, aber weniger praktische Form der kalten Speicherung für regelmäßige Transaktionen.

Die Wahl der richtigen Brieftasche hängt von mehreren Faktoren ab, u. a. vom Umfang und der Art der geplanten Transaktionen, dem gewünschten Sicherheitsniveau und der Benutzerfreundlichkeit. Für diejenigen, die regelmäßig und mit kleinen Beträgen Transaktionen durchführen, könnte eine Software- oder mobile Geldbörse die praktischste Wahl sein. Für diejenigen, die Kryptowährungen als langfristige Investition betrachten oder große Beträge halten, bietet eine Hardware-Wallet dagegen einen unvergleichlichen Seelenfrieden.

Neben der Art der Wallet sind auch andere Aspekte wie die Benutzeroberfläche, die Unterstützung für verschiedene Kryptowährungen und der Ruf des Wallet-Anbieters wichtig. Eine intuitive und benutzerfreundliche Benutzeroberfläche ist entscheidend, insbesondere für diejenigen, die neu im Bereich der Kryptowährungen sind. Darüber hinaus bietet eine Wallet, die eine breite Palette von Kryptowährungen unterstützt, mehr Flexibilität und ermöglicht es dem Nutzer, sein Portfolio zu diversifizieren.

Die Sicherheit bleibt jedoch der wichtigste Faktor bei der Auswahl einer Geldbörse. Neben der eigentlichen Sicherheit der Brieftasche selbst sind gute persönliche Sicherheitspraktiken unerlässlich. Dazu gehören der Schutz privater Schlüssel (geben Sie sie niemals an andere weiter), die Verwendung komplexer Passwörter und die Aktivierung von Sicherheitsfunktionen wie der Zwei-Faktor-Authentifizierung, sofern verfügbar.

Letztendlich ist die Wallet der Wahl mehr als nur ein Speichermedium: Sie ist der Hüter der Schlüssel zum eigenen digitalen Königreich, ein unverzichtbarer Begleiter auf der Odyssee der Kryptowährungen. Dieser Abschnitt soll den Leser durch den Wald der verfügbaren Wallets führen und ihm die notwendigen Werkzeuge an die Hand geben, um eine sachkundige und informierte Wahl zu treffen, die nicht nur seine Investition schützt, sondern auch die Interaktion mit der faszinierenden und komplexen Welt der Kryptowährungen erleichtert.

Einkaufen auf dezentralen Börsen.

In einer Zeit, in der Dezentralisierung zu einem Schlagwort in der Welt der Kryptowährungen geworden ist, stellen dezentrale Börsen (DEX) eine aufregende Grenze für Krypto-Enthusiasten dar. Diese Börsen bieten eine andere Perspektive als ihre zentralisierten Gegenstücke und fördern mehr Privatsphäre, Autonomie und die Einhaltung der Grundlagen von Kryptowährungen. In diesem Abschnitt werden wir uns mit dem Prozess des Kaufs von Kryptowährungen über eine DEX befassen und seine Facetten, Herausforderungen und Strategien für ein sicheres Navigieren in dieser digitalen Landschaft aufzeigen.

Der Hauptunterschied zwischen einer zentralisierten und einer dezentralisierten Börse liegt in ihrer Betriebsstruktur. Während eine zentralisierte Börse als Vermittler zwischen Käufern und Verkäufern fungiert und die Kryptowährungen der Nutzer verwaltet und aufbewahrt, ermöglicht eine DEX direkte Transaktionen zwischen den Nutzern ohne einen zentralen Vermittler. Dieser Ansatz unterstreicht nicht nur die Philosophie der Dezentralisierung, sondern verringert auch das Risiko zentraler Angriffe und gibt den Nutzern mehr Kontrolle über ihre Gelder.

Um mit dem Handel an einer DEX zu beginnen, muss zunächst eine kompatible digitale Brieftasche erstellt werden. Im Gegensatz zu zentralisierten Börsen, bei denen die Gelder bei der Börse selbst hinterlegt werden, behalten die Nutzer bei DEXs über ihre persönliche Geldbörse die direkte Kontrolle über ihre Kryptowährungen. Dies bedeutet, dass die privaten Schlüssel der Kryptowährungen niemals an die Börse übertragen werden, was ein höheres Maß an Sicherheit und Autonomie bietet.

Nachdem Sie Ihre Wallet eingerichtet haben, müssen Sie sie mit dem von Ihnen gewählten DEX verbinden. Dieser Vorgang ist in der Regel einfach und unkompliziert: Melden Sie sich einfach auf der Website der dezentralen Börse an und folgen Sie den Anweisungen, um die Wallet zu verbinden. Sobald die Verbindung hergestellt ist, können die Nutzer die verschiedenen vom DEX angebotenen Handelsoptionen erkunden, z. B. den Umtausch einer Kryptowährung gegen eine andere oder die Teilnahme an Liquiditätspools.

Einer der wichtigsten Aspekte, die man beim Handel auf einer DEX verstehen muss, ist das Konzept der Liquidität. Die Liquidität in einer DEX wird von den Nutzern selbst bereitgestellt, die ihre Kryptowährungen in Liquiditätspools einzahlen. Diese Pools ermöglichen den Austausch von Kryptowährungen ohne die Notwendigkeit eines bestimmten Käufers oder Verkäufers, wobei ein Algorithmus den Preis auf der Grundlage von Angebot und Nachfrage im Pool festlegt. Die Teilnahme an diesen Pools kann den Nutzern auch ein passives Einkommen verschaffen, da sie oft mit Transaktionsgebühren oder anderen Anreizen belohnt werden.

Der Betrieb eines DEX ist jedoch nicht ohne Herausforderungen. Die größte Herausforderung ist das Verständnis und die Steuerung des Slippage-Risikos. Slippage tritt auf, wenn es eine Differenz zwischen dem erwarteten Preis eines Geschäfts und dem tatsächlichen Preis zum Zeitpunkt der Ausführung gibt. Dieses Phänomen tritt besonders häufig in Liquiditätspools mit geringem Handelsvolumen auf, wo große Aufträge den Marktpreis erheblich beeinflussen können. Um dieses Risiko zu mindern, ist es wichtig zu verstehen, wie Slippage funktioniert, und Instrumente wie Limit-Order zu nutzen, um den Höchst- oder Mindestpreis zu kontrollieren, zu dem man bereit ist, ein Geschäft auszuführen.

Ein weiterer wichtiger Aspekt, der berücksichtigt werden muss, ist die Volatilität von Kryptowährungen. Kryptowährungsmärkte sind notorisch volatil, und diese Volatilität kann bei DEX aufgrund des dezentralen Handelsmodells und der Liquiditätsschwankungen noch verstärkt werden. Anleger sollten sich dieser Volatilität bewusst sein und Handelsstrategien anwenden, die diesen Preisschwankungen Rechnung tragen. Außerdem ist die persönliche Sicherheit beim Handel an einer DEX von größter Bedeutung. Da diese Börsen dezentralisiert sind, bieten sie nicht das gleiche Maß an Kundenunterstützung oder Schutz im Falle von Fehlern oder technischen Problemen. Daher ist es unerlässlich, ein solides Verständnis der Funktionsweise der Wallet und der Blockchain zu haben und gute Sicherheitspraktiken anzuwenden, wie z. B. regelmäßige Backups der Wallet und Schutz der privaten Schlüssel.

Zusammenfassend lässt sich sagen, dass der Handel an einer dezentralen Börse eine einzigartige Erfahrung in der Welt der Kryptowährungen bietet, mit erheblichen Vorteilen in Bezug auf Kontrolle, Privatsphäre und Einhaltung der Dezentralisierungsprinzipien. Diese Freiheit geht jedoch mit der Verantwortung eines größeren technischen Verständnisses und eines sorgfältigen Risikomanagements einher. Dieser Abschnitt soll einen detaillierten und ausführlichen Leitfaden für die erfolgreiche Navigation in der Welt der DEX bieten, der es Anlegern ermöglicht, das Beste aus den Möglichkeiten zu machen, die diese innovativen Handelsinstrumente im respektvollen und faszinierenden Universum der Kryptowährungen bieten.

KAPITEL 3

Im pulsierenden und sich ständig verändernden Universum der Kryptowährungen manifestiert sich die Kunst des Investierens in zahlreichen und vielschichtigen Strategien. Kapitel 3 unserer Reise in die Welt der Kryptowährungen ist der Erkundung dieser Strategien gewidmet und zeigt Wege auf, die Anleger beschreiten können, um erfolgreich durch diese digitalen Gewässer zu navigieren. In diesem Kapitel tauchen wir in das Herz der Investitionstaktik ein und analysieren sowohl kurzfristige als auch langfristige Ansätze, das Potenzial von konstanten Kaufplänen auf Bitcoin und den innovativen Einsatz von Bots im Handel.

Wir untersuchen zunächst kurzfristige Anlagestrategien, bei denen es auf Schnelligkeit und Scharfsinn ankommt, und gehen dann zu langfristigen Ansätzen über, die von Geduld und Weitblick geprägt sind. Diese Untersuchung führt uns zur Betrachtung des Constant Purchase Plan (CAP) auf Bitcoin, einer progressiven Akkumulationstaktik, die der Marktvolatilität mit einer systematischen und durchdachten Anlagestrategie trotzt. Schließlich tauchen wir in die Welt der Trading Bots ein, fortschrittliche technologische Tools, die die Art und Weise, wie wir mit den Kryptowährungsmärkten interagieren, neu definieren.

Ziel dieses Kapitels ist es, einen umfassenden und detaillierten Überblick über diese Strategien zu geben, damit Anleger nicht nur die Mechanismen und Techniken verstehen, sondern auch die Herausforderungen und Chancen, die jede Strategie bietet. Dieser Abschnitt wurde sorgfältig entwickelt, um sowohl Anfängern als auch Experten das nötige Wissen zu vermitteln, um fundierte und strategische Entscheidungen in der Welt des Kryptowährungshandels zu treffen.

Kurzfristige Anlagestrategien auf dem Kryptowährungsmarkt

Im dynamischen und manchmal unberechenbaren Kryptowährungsuniversum spielen kurzfristige Anlagestrategien eine entscheidende Rolle für diejenigen, die aus den schnellen Marktbewegungen Kapital schlagen wollen. Im Gegensatz zu langfristigen Ansätzen, die sich auf ein stetiges, allmähliches Wachstum konzentrieren, erfordern diese Taktiken ein genaues Verständnis der Markttrends und eine hohe Risikotoleranz. In diesem Abschnitt gehen wir auf die Feinheiten kurzfristiger Handelsstrategien ein und zeigen auf, wie man sich in diesem aufbrausenden Sektor geschickt und klug bewegt.

Kurzfristige Anlagestrategien auf dem Kryptowährungsmarkt mögen unterschiedlich sein, aber sie haben ein gemeinsames Ziel: von kurzfristigen Preisschwankungen zu profitieren. Im Gegensatz zu langfristigen Investitionen, bei denen der Schwerpunkt in der Regel auf Anhäufung und Halten liegt, konzentriert sich der kurzfristige Handel auf schnelle Bewegungen, wobei oft Preisänderungen innerhalb von Tagen, Stunden oder sogar Minuten genutzt werden. Diese Form des Handels erfordert nicht nur ein tiefes Verständnis der Märkte und ihrer Dynamik, sondern auch eine sorgfältige Verwaltung des eigenen Portfolios und eine gut kalibrierte Risikotoleranz.

Daytrading ist eine der beliebtesten und intensivsten kurzfristigen Strategien. Daytrader kaufen und verkaufen Kryptowährungen innerhalb eines einzigen Handelstages und versuchen, von kleinen Kursschwankungen zu profitieren. Diese Strategie erfordert ständige Präsenz, große Wachsamkeit und die Fähigkeit, schnelle Entscheidungen auf der Grundlage von technischen Analysen und Marktindikatoren zu treffen. Day-Trading ist nichts für schwache Nerven; es erfordert eiserne Disziplin, tadellose emotionale Kontrolle und ein gründliches Verständnis von Marktanalysetechniken wie der technischen Analyse, bei der Diagramme und Modelle zur Vorhersage künftiger Kursbewegungen verwendet werden.

Eine weitere kurzfristige Handelsstrategie ist der Swing-Handel, bei dem es darum geht, von Kursschwankungen über einen etwas längeren Zeitraum zu profitieren, der von einigen Tagen bis zu Wochen reichen kann. Swing Trader stützen sich oft auf eine Mischung aus technischer und fundamentaler Analyse, um potenzielle Handelsmöglichkeiten zu erkennen. Dieser Handelsstil erfordert Geduld und die Fähigkeit, eine offene Position mehrere Tage lang zu halten und kurzfristigen Marktschwankungen zu widerstehen, während man auf die erwartete Kursbewegung wartet.

Der Positionshandel ist eine weitere Variante des kurzfristigen Handels, bei der Positionen über einen Zeitraum von einem Tag bis zu mehreren Wochen gehalten werden. Diese Strategie konzentriert sich auf die Erkennung breiterer Markttrends und erfordert eine eingehende Analyse des Marktumfelds und der makroökonomischen Bedingungen. Der Positionshandel kann weniger stressig sein als das Daytrading, erfordert aber dennoch ein solides Verständnis der Märkte und die Fähigkeit, sich schnell an unvorhergesehene Veränderungen anzupassen.

Unabhängig von der gewählten Strategie sind bestimmte Grundsätze grundlegend für den Erfolg im kurzfristigen Handel. Einer dieser Grundsätze ist das Risikomanagement. In der hochvolatilen Welt der Kryptowährungen ist ein effektives Risikomanagement entscheidend. Dazu gehört der Einsatz von Stop-Losses zur Begrenzung potenzieller

Verluste, die Diversifizierung des Portfolios zur Verringerung des Risikos und die sorgfältige Planung der eigenen Handelsoperationen.

Eine weitere wesentliche Komponente ist die Psychologie des Handels. Kurzfristiger Handel kann ein Wechselbad der Gefühle sein, mit schnellen Gewinnen und Verlusten. Ein ausgewogener Ansatz, der emotionale und impulsive Entscheidungen vermeidet, ist entscheidend für Langlebigkeit und Erfolg in diesem Bereich. Darüber hinaus ist es wichtig, über die neuesten Nachrichten und Entwicklungen in der Welt der Kryptowährungen informiert zu bleiben, da diese die Preise und Markttrends stark beeinflussen können.

Zusammenfassend lässt sich sagen, dass kurzfristige Anlagestrategien auf dem Kryptowährungsmarkt einzigartige und lohnende Möglichkeiten bieten, aber sie erfordern auch einen disziplinierten Ansatz, fundierte Kenntnisse und ein solides Risikomanagement. Dieser Abschnitt soll einen detaillierten und strategischen Leitfaden für diejenigen bieten, die diesen Weg beschreiten möchten, und sie mit den Fähigkeiten und dem Wissen ausstatten, die erforderlich sind, um erfolgreich durch die oft turbulenten Gewässer des kurzfristigen Kryptowährungshandels zu navigieren.

Langfristige Anlagestrategien in der dynamischen Welt der Kryptowährungen

Langfristige Investitionen in Kryptowährungen unterscheiden sich deutlich von frenetischen kurzfristigen Strategien. Dieser durchdachte und überlegte Ansatz erfordert eine ganzheitliche Sichtweise und strategische Geduld, die sich auf das Wachstum und die Reifung von Investitionen über Monate, Jahre oder sogar Jahrzehnte konzentriert. In diesem Abschnitt werden wir uns mit langfristigen Anlagestrategien auf dem Kryptowährungsmarkt befassen und untersuchen, wie man in diesem sich ständig verändernden Umfeld klug und vorausschauend navigieren kann.

Langfristiges Investieren in Kryptowährungen bedeutet, über die tägliche Volatilität hinauszublicken und sich auf langfristige Trends und das inhärente Potenzial von Blockchain-Technologien und Kryptowährungen zu konzentrieren. In diesem Zusammenhang versuchen die Anleger nicht, aus kleinen Kursschwankungen Kapital zu schlagen, sondern am allgemeinen Wachstum des Marktes und bestimmter Kryptowährungen mit vielversprechenden Eigenschaften teilzuhaben.

Einer der wichtigsten Ansätze für langfristige Investitionen ist die Buy-and-Hold-Strategie. Diese Taktik besteht darin, Kryptowährungen zu kaufen und sie über einen längeren Zeitraum zu halten, unabhängig von kurzfristigen Marktschwankungen. Dieser Ansatz erfordert ein hohes Vertrauen in die Wahl der Kryptowährungen und eine hohe Toleranz gegenüber Kursschwankungen. Der Erfolg dieser Strategie hängt von der Fähigkeit ab, Kryptowährungen mit starkem langfristigem Potenzial zu identifizieren und die Disziplin aufzubringen, die Investition auch in Zeiten von Marktturbulenzen beizubehalten.

Ein entscheidender Aspekt bei langfristigen Investitionen ist die Auswahl von Kryptowährungen. Die Wahl sollte nicht nur auf der bisherigen Performance beruhen, sondern auch auf einer gründlichen Analyse der Grundlagen: die Technologie hinter der Kryptowährung, das Entwicklungsteam, die Unterstützergemeinschaft, die praktische Nutzung und das Wachstumspotenzial. Kryptowährungen wie Bitcoin und Ethereum zum Beispiel haben eine bemerkenswerte Widerstandsfähigkeit und eine wachsende Akzeptanz gezeigt, was sie zu einer beliebten Wahl für langfristige Investoren macht. Es ist jedoch auch wichtig, neue, aufstrebende Kryptowährungen zu erkunden, die einzigartige Möglichkeiten bieten könnten.

Ein weiteres wichtiges Element bei langfristigen Investitionen ist die Diversifizierung. Das eigene Anlageportfolio zu diversifizieren bedeutet, nicht alles auf eine Karte zu setzen. Anstatt ausschließlich in eine oder zwei Kryptowährungen zu investieren, sollten Anleger eine Vielzahl von Vermögenswerten in Betracht ziehen, um das Gesamtrisiko zu verringern. Dies kann eine Mischung aus etablierten und neuen Kryptowährungen sowie verschiedene Arten von Blockchain-Vermögenswerten wie Utility-Tokens, Security-Tokens und Stablecoins umfassen.

Neben der Auswahl der Anlagen und der Diversifizierung ist auch das Portfoliomanagement von entscheidender Bedeutung. Langfristig orientierte Anleger müssen ihre Anlagen regelmäßig überwachen und ihr Portfolio an die Veränderungen auf dem Kryptowährungsmarkt und im Ökosystem anpassen. Das bedeutet nicht, auf jede kleine Marktschwankung zu reagieren, sondern das Portfolio regelmäßig zu überprüfen, um sicherzustellen, dass es mit den langfristigen Anlagezielen und der sich verändernden Marktlandschaft in Einklang steht.

Ein weiterer Aspekt, der bei langfristigen Investitionen zu berücksichtigen ist, ist die Sicherheit. Da Kryptowährungsinvestitionen über einen langen Zeitraum hinweg aufbewahrt werden, muss sichergestellt werden, dass sie sicher gelagert werden. Dazu gehört die Verwendung von Hardware-Wallets oder Cold Storage, um das Risiko von Diebstahl und Hackerangriffen zu verringern. Darüber hinaus sollten sich Anleger über die steuerlichen Auswirkungen ihrer langfristigen Investitionen im Klaren sein und entsprechend planen.

Schließlich ist es von entscheidender Bedeutung, einen ruhigen und maßvollen Ansatz zu verfolgen. Langfristige Investitionen erfordern Geduld und die Fähigkeit, der Versuchung zu widerstehen, in Zeiten hoher Volatilität oder Markteuphorie zu verkaufen. Dieser disziplinierte Ansatz ermöglicht es Anlegern, die unvermeidlichen Marktturbulenzen zu überstehen und vom allgemeinen Wachstum des Kryptowährungssektors zu profitieren.

Zusammenfassend lässt sich sagen, dass langfristige Investitionen in den Kryptowährungsmarkt die Möglichkeit bieten, am Wachstum und der Entwicklung einer revolutionären Technologie teilzuhaben. Durch eine durchdachte Auswahl von Kryptowährungen, Portfoliodiversifizierung, sorgfältiges Management und einen geduldigen Ansatz können sich Anleger positionieren, um das Potenzial dieses dynamischen Sektors zu nutzen. Dieser Abschnitt bietet eine ausführliche Anleitung, um den langen Weg langfristiger Investitionen in die Welt der Kryptowährungen mit Weisheit und Weitsicht zu meistern.

Der Constant Purchase Plan (CAP) auf Bitcoin: Eine langfristige strategische Vision

Im Kontext des Investierens in Kryptowährungen erweist sich der Constant Purchase Plan (CAP) auf Bitcoin als pragmatische und zukunftsorientierte Strategie, die besonders für diejenigen geeignet ist, die den Markt mit einer langfristigen Perspektive angehen wollen. In diesem Abschnitt untersuchen wir das Konzept des CAP, seine praktische Anwendung im Kontext von Bitcoin und seine Auswirkungen auf Anleger, die ein robustes und widerstandsfähiges Kryptowährungsportfolio aufbauen wollen.

Das PAC, das im Zusammenhang mit traditionellen Investitionen auch als Dollar Cost Averaging (DCA) bekannt ist, ist eine Strategie, die darin besteht, in regelmäßigen Abständen einen festen Betrag in Bitcoin zu investieren, unabhängig von Marktpreisschwankungen. Die Grundidee hinter dem CAP ist es, die Auswirkungen der Marktvolatilität auf Investitionen zu reduzieren. Durch den ständigen Kauf eines festen Bitcoin-Betrags vermeidet der Anleger das Risiko, den Markt "timen" zu wollen, was angesichts der extremen Volatilität des Kryptowährungsmarktes oft vergeblich und riskant ist.

Die Stärke der GAP liegt in ihrer Einfachheit und langfristigen Wirksamkeit. Diese Strategie eignet sich besonders für Anleger, die nicht über die Zeit oder die Fähigkeit verfügen, den Markt ständig zu beobachten und genaue Prognosen über die Kursentwicklung zu erstellen. Außerdem ist die GAP eine demokratische Strategie: Sie steht sowohl Anlegern mit großem Kapital als auch solchen mit begrenzten Mitteln offen. So kann ein Anleger beispielsweise beschließen, einen festen monatlichen Betrag, z. B. 50 oder 100 Euro, in Bitcoin zu investieren, unabhängig vom aktuellen Kurs.

Einer der größten Vorzüge der GAP ist ihre Fähigkeit, die Kaufkosten über die Zeit zu verteilen. Auf einem Markt, der wie der Kryptowährungsmarkt durch erhebliche Preisschwankungen gekennzeichnet ist, ermöglicht der Kauf fester Beträge in regelmäßigen Abständen den Anlegern, mehr Bitcoin zu kaufen, wenn der Preis niedrig ist, und weniger, wenn der Preis hoch ist. Dieser Ansatz verringert das Risiko, einen großen Kapitalbetrag zu einem einzigen Zeitpunkt zu investieren, was sich als ungünstig erweisen könnte, wenn der Markt eine schnelle Abwärtskorrektur erfährt.

Ein weiterer wichtiger Aspekt der GAP ist ihre Flexibilität. Die Anleger können die Häufigkeit und Höhe der Investitionen an ihre finanziellen Möglichkeiten und Anlageziele anpassen. Darüber hinaus kann diese Strategie dank zahlreicher Börsenplattformen, die Optionen zur Einrichtung wiederkehrender Käufe anbieten, leicht automatisiert werden, was den Prozess für den Anleger weiter vereinfacht.

Es ist jedoch wichtig zu betonen, dass ein PAC auf Bitcoin nicht risikofrei ist. Wie bei jeder Investition in Kryptowährungen besteht immer das Risiko eines Verlustes aufgrund unvorhersehbarer Marktbewegungen. Anleger sollten daher die PAC als Teil einer breiteren, diversifizierten Anlagestrategie betrachten, einschließlich einer sorgfältigen Bewertung ihres Risikoprofils und ihrer langfristigen Anlageziele.

Außerdem hängt der Erfolg eines Bitcoin-GAP-Plans weitgehend von der Disziplin und Beständigkeit des Anlegers ab. Um die Vorteile dieser Strategie zu maximieren, ist es wichtig, einen konsequenten Ansatz zu verfolgen und sich nicht von Emotionen oder kurzfristigen Marktschwankungen beeinflussen zu lassen. Geduld ist in diesem Zusammenhang eine wichtige Tugend: Anleger müssen bereit sein, auch in Zeiten erheblicher Volatilität oder längerer Marktrückgänge an ihrem Investitionsplan festzuhalten.

Zusammenfassend lässt sich sagen, dass der Constant Purchase Plan on Bitcoin eine zukunftsorientierte Anlagestrategie darstellt, die auf eine langfristige Perspektive und ein überlegtes Risikomanagement setzt. Durch einen ausgewogenen und systematischen Ansatz für Investitionen in Kryptowährungen erweist sich der GAP als attraktive Option für ein breites Spektrum von Anlegern, vom Anfänger bis zum Experten, und ist ein solider und belastbarer Bestandteil eines diversifizierten Anlageportfolios.

Der Einsatz von Bots im Kryptowährungshandel

In der zunehmend technologischen und automatisierten Umgebung des Kryptowährungshandels haben sich Handelsroboter für viele Anleger zu einem wichtigen Instrument entwickelt. Diese hochentwickelte Software, die so programmiert ist, dass sie Trades automatisch und auf der Grundlage spezifischer Algorithmen und Marktparameter ausführt, stellt eine innovative Grenze für den Kryptowährungshandel dar. In diesem Abschnitt werden wir die Welt der Trading Bots im Detail erkunden und analysieren, wie sie zur Optimierung von Anlagestrategien eingesetzt werden können und was bei ihrem Einsatz zu beachten ist.

Cryptocurrency Trading Bots sind Computerprogramme, die, sobald sie konfiguriert sind, automatische Kauf- und Verkaufstransaktionen auf der Grundlage vorher festgelegter Parameter durchführen können. Diese Softwareprogramme nutzen verschiedene Marktmetriken und Indikatoren, wie Volumen, Aufträge, Preise und Zeit, um Handelsentscheidungen zu treffen. Ihr großer Vorteil ist, dass sie rund um die Uhr arbeiten, den Markt ständig analysieren und in Echtzeit auf Veränderungen reagieren können, die ein menschlicher Händler möglicherweise nicht ständig überwachen kann.

Die erste grundlegende Überlegung beim Einsatz von Bots betrifft die Wahl der richtigen Software. Es gibt viele Arten von Trading Bots auf dem Markt, die jeweils unterschiedliche Funktionen und Komplexitätsgrade aufweisen. Einige sind für Anfänger gedacht und bieten intuitive Schnittstellen und eine einfache Konfiguration, während andere für erfahrene Händler gedacht sind und fortgeschrittene technische Kenntnisse erfordern, um sie zu konfigurieren und zu verwalten. Es ist wichtig, einen Bot zu wählen, der Ihrem Erfahrungsstand, Ihren Handelsbedürfnissen und Ihren Anlagezielen entspricht.

Sobald der Bot ausgewählt wurde, ist der nächste Schritt die Konfiguration. Dieser Schritt erfordert eine sorgfältige Planung und ein klares Verständnis der eigenen Handelsstrategien. Die Benutzer müssen spezifische Parameter festlegen, die der Bot einhalten muss, z. B. Kauf- und Verkaufslimits, Stop-Loss- und Take-Profit-Levels sowie zu überwachende Marktindikatoren. Die richtige Konfiguration ist entscheidend für einen erfolgreichen automatisierten Handel; ein schlecht konfigurierter Bot kann zu suboptimalen Handelsentscheidungen und potenziellen Verlusten führen.

Ein wichtiger Aspekt beim Einsatz von Bots ist das Risikomanagement. Trotz ihrer Präzision und Schnelligkeit sind Bots nicht unfehlbar und können zu Fehlern neigen, insbesondere bei stark schwankenden Märkten oder unvorhersehbaren Situationen. Daher ist es wichtig, Risikokontrollmechanismen einzurichten, z. B. tägliche Verlustobergrenzen und eine regelmäßige Überwachung der Bot-Aktivitäten. Darüber hinaus ist es ratsam, nicht sein gesamtes Anlageportfolio einem einzigen Bot anzuvertrauen, sondern ihn als Teil einer breiteren, diversifizierten Handelsstrategie einzusetzen.

Ein weiterer zu berücksichtigender Faktor ist die Sicherheit. Bots benötigen Zugang zu Benutzergeldern und API-Schlüsseln von Kryptowährungsbörsen. Dies setzt die Nutzer Sicherheitsrisiken aus, z. B. dem Risiko von Hacking oder Betrug. Es ist daher wichtig, Bots von zuverlässigen und seriösen Anbietern auszuwählen und sicherzustellen, dass der Bot und die Börse über solide Sicherheitsmaßnahmen verfügen. Außerdem ist es wichtig, die eigenen Anmeldedaten zu schützen und die API-Schlüssel nicht an Dritte weiterzugeben.

Abgesehen von den Risiken ist es auch wichtig, realistische Erwartungen zu haben. Handelsroboter können die Handelseffizienz verbessern und dabei helfen, Chancen zu ergreifen, die sonst vielleicht verpasst würden, aber sie sind keine magische Lösung, die Gewinne garantiert. Ihr Erfolg hängt von der Marktvolatilität, den Handelsbedingungen und der Genauigkeit ihrer Konfiguration ab.

Daher bieten Trading Bots eine leistungsstarke und automatisierte Möglichkeit, am Kryptowährungsmarkt teilzunehmen. Sie erfordern jedoch eine sorgfältige Auswahl, eine präzise Konfiguration und ein sorgfältiges Risikomanagement. Richtig eingesetzt können sie wertvolle Werkzeuge zur Optimierung von Handelsstrategien sein, aber es ist entscheidend, sie mit Bedacht und einem gründlichen Verständnis ihrer Fähigkeiten und Grenzen einzusetzen. Dieser Abschnitt gibt einen umfassenden Überblick über die Verwendung von Bots im Kryptowährungshandel und bietet wertvolle Anleitungen für die Navigation in diesem fortschrittlichen Aspekt des digitalen Handels.

Abschließend bot Kapitel 3 eine Entdeckungsreise durch verschiedene Investitionsstrategien in der dynamischen Welt der Kryptowährungen. Wir haben festgestellt, dass kurzfristige Strategien Schnelligkeit und ständige Marktorientierung erfordern, während langfristige Taktiken sich auf Visionen und Beständigkeit konzentrieren und die Bedeutung strategischer Planung und geduldiger Akkumulation unterstreichen. Der "Constant Buy Plan" für Bitcoin hat sich als wirksamer Ansatz zur Abmilderung der Volatilität erwiesen, während der Einsatz von Handelsrobotern neue Perspektiven zur Optimierung der Marktoperationen eröffnet hat.

Auch wenn sich diese Strategien in ihren Ansätzen und Zielen unterscheiden, haben sie doch eines gemeinsam: die Notwendigkeit einer sorgfältigen Überlegung und Analyse. In einem sich schnell verändernden Markt wie dem der Kryptowährungen sind Flexibilität und Anpassungsfähigkeit von entscheidender Bedeutung. Anleger müssen darauf vorbereitet sein, ihre Strategien als Reaktion auf Marktveränderungen und technologische Innovationen weiterzuentwickeln.

In diesem Kapitel haben wir versucht, die notwendigen Werkzeuge und Informationen bereitzustellen, um durchdachte und fundierte Entscheidungen zu treffen. Die Investition in Kryptowährungen ist eine komplexe und herausfordernde Reise, aber mit dem richtigen Wissen und der richtigen Strategie kann sie auch äußerst lohnend sein. Wir hoffen, dass die Informationen in diesem Kapitel als zuverlässiger Leitfaden für Anleger dienen, die sich in der dynamischen und sich ständig verändernden Welt der Kryptowährungen sicher bewegen wollen.

KAPITEL 4

In der dynamischen und komplexen Welt der Kryptowährungen erweist sich die technische Analyse als unverzichtbarer Kompass für Anleger, die versuchen, die unberechenbaren Wellen dieses Marktes zu navigieren. Kapitel 4 unserer Reise in das Reich der Kryptowährungen ist der Erkundung einiger der leistungsfähigsten technischen Analysetechniken gewidmet, Werkzeuge, die einen Kurs durch die manchmal turbulenten Gewässer des Kryptowährungshandels zeichnen.

In diesem Kapitel befassen wir uns eingehend mit vier grundlegenden Aspekten der technischen Analyse: dem Vergleich zwischen technischer Analyse und Fundamentalanalyse, dem Relative Strength Index (RSI) zusammen mit Candlesticks, Unterstützungen und Widerständen, gleitenden Durchschnitten und schließlich Doppelhochs und Doppeltiefs. Jeder Abschnitt stellt ein eigenes Kapitel in der Geschichte des Kryptowährungshandels dar und gibt den Anlegern die Werkzeuge an die Hand, um Marktsignale zu entschlüsseln und sachkundig zu handeln.

Wir beginnen mit einer Untersuchung des ewigen Gegensatzes zwischen technischer Analyse und Fundamentalanalyse. Dieser Abschnitt beleuchtet die grundlegenden Unterschiede zwischen diesen beiden Ansätzen und veranschaulicht, wie jeder von ihnen eine einzigartige Perspektive für Investitionen in Kryptowährungen bieten kann. Die technische Analyse, die sich auf Kurscharts und Marktmuster konzentriert, bietet unmittelbare, datengestützte Einblicke, während sich die Fundamentalanalyse auf die zugrunde liegenden Aspekte konzentriert, die den Wert einer Kryptowährung beeinflussen können, wie Technologie, Marktumfeld und globale Wirtschaftstrends.

Im Folgenden untersuchen wir den Relative Strength Index (RSI) und japanische Kerzen, zwei Instrumente, die wertvolle Einblicke in die Emotionen des Marktes und mögliche Wendepunkte bieten. Der RSI, ein Momentum-Indikator, hilft Anlegern, überkaufte und überverkaufte Bedingungen zu erkennen, während japanische Candlesticks eine visuelle Darstellung des Kampfes zwischen Käufern und Verkäufern bieten. Die Abschnitte über Unterstützung und Widerstand vertiefen unser Verständnis der psychologischen Barrieren, die die Kursbewegung beeinflussen.

Gleitende Durchschnitte, die im dritten Abschnitt behandelt werden, sind eine weitere Säule der technischen Analyse. Diese Indikatoren glätten kurzfristige Kursschwankungen und ermöglichen es den Anlegern, die Richtung und Stärke von Markttrends klarer zu erkennen. Ihre Fähigkeit, das "Rauschen" des Marktes herauszufiltern und einen klaren

Überblick über die Trendrichtung zu geben, macht sie zu einem unschätzbaren Instrument.

Schließlich wird der Schwerpunkt auf Doppelhochs und Doppeltiefs gelegt, zwei Chartmuster, die wichtige potenzielle Trendumkehrungen signalisieren. Diese Muster stellen nicht nur kritische Momente dar, in denen sich die Marktkräfte gegenüberstehen, sondern sind auch Ausdruck der Psychologie der Anleger, die ihre Erwartungen, Ängste und Hoffnungen widerspiegeln.

In diesem Kapitel möchten wir ein tiefes Verständnis dieser Techniken vermitteln, nicht nur als isolierte Werkzeuge, sondern als Teil eines ganzheitlichen Ansatzes zur Analyse des Kryptowährungsmarktes. Durch praktische Beispiele, detaillierte Analysen und klare Erklärungen hoffen wir, dem Leser das Wissen und das Vertrauen zu vermitteln, um diese Techniken auf seiner eigenen Investitionsreise zu nutzen. Das Verständnis dieser Werkzeuge wird nicht nur Ihr Handelsarsenal bereichern, sondern Ihnen auch einen tieferen, facettenreicheren Blick auf diesen faszinierenden und komplexen Markt ermöglichen.

Technische vs. fundamentale Analyse von Kryptowährungen

In der komplizierten und dynamischen Welt der Kryptowährungen herrschen zwei Denkschulen vor, wenn es um die Bewertung und Vorhersage von Marktbewegungen geht: die technische Analyse und die Fundamentalanalyse. Diese beiden Methoden, die zwar grundverschiedene Ansätze verfolgen, sind unverzichtbare Werkzeuge in der Ausrüstung eines jeden Händlers und Anlegers. In diesem Abschnitt werden wir sowohl die technische als auch die fundamentale Analyse im Detail untersuchen, ihre Unterscheidungsmerkmale, Stärken und Schwächen hervorheben und aufzeigen, wie sie beim Handel mit Kryptowährungen ergänzend eingesetzt werden können.

Technische Analyse: Die Kunst der musterorientierten Vorhersage

Die technische Analyse beruht auf der Vorstellung, dass sich die Geschichte in der Regel wiederholt und dass sich durch die Untersuchung vergangener Kursmuster künftige Marktbewegungen vorhersagen lassen. Technische Analysten konzentrieren sich auf Charts, historische Kursdaten, Handelsvolumina und verschiedene andere statistische Indikatoren, um Trends, Muster und potenzielle Umkehrpunkte des Marktes zu erkennen. Bei diesem Ansatz wird die Analyse der wirtschaftlichen Bedingungen, der Gesundheit des Unternehmens oder anderer externer Faktoren außer Acht gelassen und der Schwerpunkt ausschließlich auf die Marktdaten gelegt.

Einer der Hauptvorteile der technischen Analyse ist ihre Anwendbarkeit in Echtzeit. Händler können eine breite Palette von Instrumenten und Indikatoren wie gleitende Durchschnitte, Unterstützungs- und Widerstandsniveaus und Oszillatoren verwenden, um schnelle, datengestützte Handelsentscheidungen zu treffen. Darüber hinaus ist die technische Analyse äußerst vielseitig und kann auf jeden Zeitrahmen angewendet werden, so dass sie sich sowohl für den Tageshandel als auch für den langfristigen Handel eignet.

Die technische Analyse hat jedoch auch ihre Kritiker. Ihre Gegner argumentieren, dass sie auf selbsterfüllenden Annahmen beruht und subjektiven Interpretationen unterworfen sein kann. Außerdem kann die technische Analyse manchmal unerwartete Marktbewegungen, die durch externe Ereignisse wie wirtschaftliche Ankündigungen oder regulatorische Entwicklungen verursacht werden, nicht vorhersagen.

Fundamentalanalyse: Den inneren Wert verstehen

Am anderen Ende des Spektrums versucht die Fundamentalanalyse, den inneren Wert einer Kryptowährung zu bestimmen, indem sie verschiedene wirtschaftliche, finanzielle und andere qualitative und quantitative Faktoren untersucht. Dieser Ansatz berücksichtigt Elemente wie die der Kryptowährung zugrunde liegende Technologie, die Stärke und Vision des Entwicklungsteams, Marktangebot und -nachfrage, Akzeptanz und praktische Nutzung sowie das regulatorische Umfeld.

Die Fundamentalanalyse wird häufig von langfristigen Anlegern bevorzugt, da sie ein tieferes Verständnis der potenziellen Ursachen von Kursbewegungen vermittelt. Dieser Ansatz kann besonders nützlich sein, wenn neue Kryptowährungen oder solche mit einer starken Technologie- oder Innovationskomponente bewertet werden sollen. Durch die Fundamentalanalyse können Anleger unterbewertete Kryptowährungen oder solche mit langfristigem Wachstumspotenzial identifizieren.

Die Fundamentalanalyse von Kryptowährungen stellt jedoch eine Herausforderung dar. Der Sektor ist relativ neu und entwickelt sich schnell weiter, und es fehlt oft an zuverlässigen historischen Daten. Darüber hinaus befinden sich viele Kryptowährungsprojekte in einem frühen Entwicklungsstadium, was es schwierig macht, ihr zukünftiges Potenzial zu beurteilen. Die Fundamentalanalyse kann auch subjektiver sein und ist für kurzfristige Handelsentscheidungen weniger geeignet.

Ein komplementärer Ansatz

Trotz ihrer Unterschiede sollten die technische und die fundamentale Analyse nicht als sich gegenseitig ausschließende Methoden betrachtet werden. Stattdessen können sie ergänzend eingesetzt werden, um einen umfassenderen Blick auf den Kryptowährungsmarkt zu erhalten. Während die technische Analyse dabei helfen kann, den richtigen Zeitpunkt für einen Ein- oder Ausstieg in den Markt zu finden, kann die Fundamentalanalyse einen tieferen Einblick in die langfristige Gesundheit und das Potenzial einer Kryptowährung bieten.

Für Anleger und Händler von Kryptowährungen kann eine ausgewogene Kombination aus technischer und fundamentaler Analyse eine robuste und vielseitige Handelsstrategie darstellen. Dieser hybride Ansatz ermöglicht es, kurzfristige Chancen zu nutzen und gleichzeitig ein solides Verständnis der langfristigen Aussichten zu bewahren.

Abschließend öffnet Kapitel 4 ein Fenster in die Welt der Analyse im Kryptowährungshandel und zeigt auf, wie technische und fundamentale Analyse unterschiedliche, aber komplementäre Ansätze zum Verständnis der Märkte bieten. Während die technische Analyse die Werkzeuge zur Verfügung stellt, um die tägliche Volatilität zu navigieren und kurzfristige Chancen zu nutzen, hilft die Fundamentalanalyse dabei, ein tiefes Verständnis für den langfristigen Wert von Kryptowährungen aufzubauen. Die Kombination dieser beiden Methoden bietet eine umfassendere und fundiertere Handelsstrategie, die es Anlegern ermöglicht, sicherere Entscheidungen auf der Grundlage eines tieferen Verständnisses des Kryptowährungsmarktes zu treffen.

RSI, Candlesticks, Unterstützungen und Widerstände - wichtige technische Analysewerkzeuge

Im Bereich der technischen Analyse beim Handel mit Kryptowährungen gibt es einige grundlegende Instrumente und Konzepte, die jeder Händler kennen und verstehen sollte: den Relative Strength Index (RSI), japanische Kerzen und die Konzepte von Unterstützung und Widerstand. Diese Instrumente sind das Herzstück der technischen Analyse und bieten Händlern einen detaillierten Überblick über die Marktbewegungen und helfen ihnen, fundierte Handelsentscheidungen zu treffen. In diesem Abschnitt werden wir jedes dieser Instrumente im Detail untersuchen und zeigen, wie sie zur Analyse und Vorhersage von Kryptowährungspreisbewegungen eingesetzt werden können.

Relative Stärke Index (RSI)

Der Relative-Stärke-Index (RSI) ist ein leistungsfähiges Instrument zur Messung des Ausmaßes und der Geschwindigkeit von Kursveränderungen und liefert Händlern wichtige Informationen über die Dynamik eines Vermögenswerts. Seine Berechnung basiert auf dem Durchschnitt der positiven und negativen Schlusskurse über einen bestimmten Zeitraum, der in der Regel auf 14 Perioden festgelegt ist.

Ein wichtiges Merkmal des RSI ist seine Fähigkeit, überkaufte und überverkaufte Bedingungen zu erkennen. Wenn der RSI-Wert über 70 liegt, gilt der Vermögenswert als überkauft, was auf eine baldige Kursumkehr hindeutet. Umgekehrt bedeutet ein Wert unter 30, dass der Vermögenswert überverkauft ist, was auf einen potenziellen Kursanstieg hindeuten könnte. Es ist jedoch wichtig zu bedenken, dass der RSI in einem stark direktionalen Markt über einen längeren Zeitraum in diesen extremen Bereichen verbleiben kann, wodurch die Signale weniger zuverlässig werden.

Analysten verwenden den RSI häufig auch, um Divergenzen zu erkennen. Eine Divergenz tritt auf, wenn der Preis eines Vermögenswerts neue Höchst- oder Tiefststände bildet, die vom RSI nicht bestätigt werden. Dies kann ein frühes Warnzeichen für eine mögliche Trendänderung sein. Wenn der Preis einer Kryptowährung beispielsweise einen neuen Höchststand erreicht, der RSI diesen jedoch nicht bestätigt, könnte eine negative Divergenz vorliegen, die auf eine mögliche Abwärtsumkehr hindeutet.

Japanische Kerzen

Die japanischen Candlesticks sind nicht nur eine Methode zur Darstellung von Kursbewegungen, sondern eine echte grafische Sprache, die die kollektive Psychologie des Marktes wiedergibt. Diese uralte Methode der grafischen Analyse, die ihre Wurzeln im Japan des 18. Jahrhunderts dank des Reishändlers Munehisa Homma hat, ist zu einem unverzichtbaren Werkzeug im modernen Kryptowährungshandel geworden. Die Fähigkeit, japanische Candlesticks zu lesen und zu interpretieren, ist eine ausgefeilte Kunst, die wertvolle Einblicke in die Marktdynamik bieten kann und Händlern hilft, fundierte Entscheidungen zu treffen. In diesem ausführlichen Artikel tauchen wir in die Welt der japanischen Candlesticks ein und erforschen ihre Geschichte, verschiedene Muster und ihre Bedeutung im Zusammenhang mit dem Kryptowährungshandel.

Geschichte und Ursprung der japanischen Kerzen

Um den Wert der japanischen Kerzenständer vollständig zu verstehen, muss man zu ihren Ursprüngen zurückgehen. Munehisa Homma, einem Reishändler aus Sakata, wird die Entwicklung dessen zugeschrieben, was wir heute als japanisches Candlestick-Diagramm kennen. Homma entdeckte, dass neben den Fundamentaldaten des Reismarktes auch die Emotionen der Händler eine entscheidende Rolle bei den Preisbewegungen spielen. Seine Analyse des Reismarktes in Dojima verhalf ihm zu einem großen Vermögen, und seine Handelstechniken wurden seitdem von Händlern auf der ganzen Welt adaptiert und übernommen.

Anatomie einer japanischen Kerze

Eine japanische Kerze besteht aus vier Hauptkomponenten: dem Eröffnungskurs, dem Schlusskurs, dem Höchst- und dem Tiefstkurs des betrachteten Zeitraums. Der

Kerzenkörper stellt die Differenz zwischen dem Eröffnungs- und dem Schlusskurs dar, während die Schatten oder "Dochte" das erreichte Hoch und Tief anzeigen. Kerzen können entweder "bullish" oder "bearish" sein, was durch unterschiedliche Farben, häufig rot bzw. grün, dargestellt wird. Eine bullische Kerze zeigt an, dass der Schlusskurs höher ist als der Eröffnungskurs, während eine bärische Kerze das Gegenteil anzeigt.

Einzelkerzenmuster und ihre Bedeutung

Es gibt mehrere Candlestick-Muster, die Kryptowährungshändler kennen sollten. Eines der einfachsten ist der "Doji", bei dem der Eröffnungs- und der Schlusskurs fast gleich sind. Der "Doji" ist ein Signal für die Unentschlossenheit des Marktes und kann eine mögliche Trendumkehr ankündigen. Ein weiteres Beispiel sind der "Hammer" und der "umgekehrte Hammer", die Indikatoren für eine mögliche Trendwende nach oben sind. Umgekehrt können der "Shooting Star" und der "Hanging Man" auf eine zukünftige Abwärtsbewegung hindeuten.

Zusammengesetzte Kerzenmuster und ihre Bedeutung

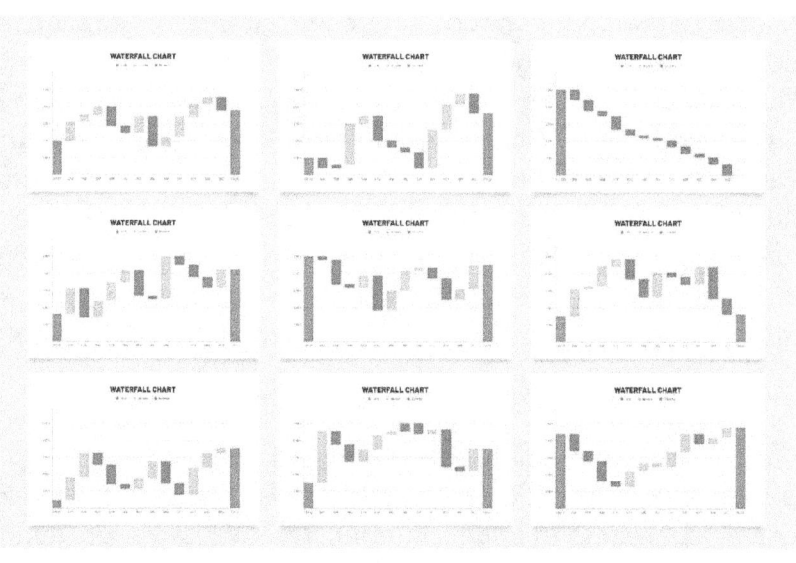

Neben einzelnen Candlestick-Mustern gibt es auch Muster, die aus mehreren Candlesticks bestehen und noch detailliertere Hinweise liefern können. Ein bekanntes Beispiel ist das "Engulfing"-Muster, das entweder bullish oder bearish sein kann. Ein bullisches Engulfing tritt auf, wenn eine große grüne Kerze eine vorangegangene rote Kerze "verschlingt", was auf eine starke Trendwende nach oben hindeutet. Umgekehrt tritt ein bearish Engulfing auf, wenn eine große rote Kerze eine vorhergehende grüne Kerze verschlingt, was auf eine mögliche Abwärtsbewegung hindeutet. Weitere wichtige Muster sind das Harami", die Piercing Line" und die Dark Cloud Cover", die jeweils unterschiedliche Einblicke in die Marktstimmung bieten.

Unterstützungen und Widerstände

Unterstützungs- und Widerstandsniveaus sind entscheidend für die Festlegung von Preisbarrieren, an denen ein Vermögenswert zu einer Richtungsänderung neigt. Diese Niveaus werden durch die Analyse historischer Charts ermittelt, in denen die Preise eine Tendenz zum Stoppen und zur Richtungsänderung gezeigt haben.

Die Unterstützung stellt ein Preisniveau dar, bei dem das Kaufinteresse so stark ist, dass der Preis nicht mehr fallen kann. Mit anderen Worten, es handelt sich um einen "Boden", an dem der Preis nach oben abzuprallen scheint. Umgekehrt ist der Widerstand ein Punkt, an dem der Verkaufsdruck stark genug ist, um einen weiteren Anstieg des Preises zu verhindern, und der als "Obergrenze" fungiert.

Die Stärke dieser Niveaus wird oft dadurch bestimmt, wie oft sie getestet werden, wobei wiederholt getestete Niveaus an Bedeutung gewinnen. Darüber hinaus neigen sie dazu, ihre Rolle umzukehren, sobald diese Niveaus durchbrochen werden; ein durchbrochenes Widerstandsniveau kann zu einem neuen Unterstützungsniveau werden und andersherum. Dieses Konzept ist beim Breakout-Trading von entscheidender Bedeutung, bei dem Händler versuchen, eine Position einzugehen, wenn ein Kurs ein bedeutendes Unterstützungs- oder Widerstandsniveau durchbricht.

Schlussfolgerung

Zusammenfassend lässt sich sagen, dass der RSI, japanische Kerzen und Unterstützungen und Widerstände unverzichtbare Instrumente der technischen Analyse von Kryptowährungen sind. Sie bieten Händlern ein klareres Bild der Marktbewegungen und helfen bei der Vorhersage potenzieller Trends und Umkehrpunkte. Es ist jedoch wichtig, diese Instrumente in Kombination mit anderen Formen der Analyse und immer im Rahmen eines gut geplanten Risikomanagements einzusetzen. Das Verständnis und die effektive Anwendung dieser Instrumente können Handelsentscheidungen erheblich verbessern und zu einer fundierteren und strategischeren Investitionsstrategie in der Welt der Kryptowährungen führen.

Mobile Durchschnittswerte

In der faszinierenden Welt der Kryptowährungen, in der die Marktwellen unvorhersehbar ansteigen, gibt es ein ebenso einfaches wie effektives Navigationsinstrument: gleitende Durchschnitte. Dieses auf den ersten Blick einfache Konzept erweist sich als unverzichtbarer Verbündeter für Anleger, die die Richtung und Stärke von Markttrends besser verstehen wollen.

Gleitende Durchschnitte stellen im Wesentlichen den Durchschnittspreis einer Kryptowährung über einen bestimmten Zeitraum dar. Ihre Schönheit liegt in ihrer Fähigkeit, kurzfristige Preisschwankungen zu glätten und einen klareren Blick auf den allgemeinen Markttrend zu ermöglichen. Dieses Instrument ist jedoch nicht einfach ein statischer Indikator, sondern verändert sich und passt sich wie ein Lebewesen dem Rhythmus der Marktschwankungen an.

Die Verwendung von gleitenden Durchschnitten in der Kryptowirtschaft kann mit einem Tänzer verglichen werden, der sich im Takt der Musik bewegt. Wenn sich die Musik ändert, passt sich der Tänzer an, so wie sich auch gleitende Durchschnitte an sich ändernde Kurse anpassen. Es gibt zwei Hauptarten von gleitenden Durchschnitten: den einfachen gleitenden Durchschnitt (SMA) und den exponentiellen gleitenden Durchschnitt (EMA). Der SMA berechnet das arithmetische Mittel der Kurse über einen bestimmten Zeitraum, während der EMA den jüngsten Kursen mehr Gewicht beimisst und so die Reaktion des Marktes genauer widerspiegelt.

Stellen Sie sich vor, Sie beobachten den gleitenden Durchschnitt auf einem Chart: Er fließt durch die Kurse wie ein ruhiger Fluss inmitten eines Waldes von Kerzen. Diese Linie, die mal ansteigend, mal absteigend verläuft, gibt uns eine unmittelbare visuelle Interpretation der Stärke und Richtung des Trends. Bewegt sich die Linie des gleitenden Durchschnitts über den Kursen, deutet dies auf einen Abwärtstrend hin; liegt sie darunter, deutet dies auf einen Aufwärtstrend hin. Diese einfache Beobachtung kann ein wertvoller Kompass für den Anleger sein, der versucht, in den manchmal stürmischen Gewässern der Kryptowährungen zu navigieren.

Gleitende Durchschnitte sind besonders effektiv beim Herausfiltern von "Marktgeräuschen". In einer Welt, in der jeder Tweet, jede Nachricht sofortige und oft überzogene Reaktionen hervorrufen kann, hält der gleitende Durchschnitt die Stellung und bietet eine ausgewogenere und weniger reaktive Perspektive. Das soll nicht heißen, dass gleitende Durchschnitte unfehlbar sind; wie jedes technische Analyseinstrument müssen sie in Kombination mit anderen Techniken und im Bewusstsein ihrer Grenzen eingesetzt werden. Ihr Beitrag zum Verständnis von Markttrends ist jedoch unbestreitbar.

Ein faszinierender Aspekt der gleitenden Durchschnitte ist ihre Vielseitigkeit. Sie können je nach dem Zeitraum, den man analysieren möchte, individuell angepasst werden: Kurzfristige gleitende Durchschnitte (z. B. gleitende Durchschnitte über 10 oder 20 Tage) sind reaktiv und erfassen schnelle Marktbewegungen, während langfristige gleitende Durchschnitte (z. B. gleitende Durchschnitte über 50 oder 200 Tage) einen breiteren, stabileren Überblick bieten. Diese Flexibilität ermöglicht es den Anlegern, die Analyse an ihre Anlagestrategien und ihren Handelsstil anzupassen.

Ein praktisches Beispiel dafür, wie gleitende Durchschnitte beim Handel mit Kryptowährungen effektiv eingesetzt werden können, ist das Phänomen des so genannten "Crossover". Ein Crossover tritt auf, wenn ein kurzfristiger gleitender Durchschnitt einen langfristigen gleitenden Durchschnitt kreuzt. Ein Crossover nach oben, bei dem der kurzfristige gleitende Durchschnitt den langfristigen gleitenden Durchschnitt übersteigt, wird als Kaufsignal interpretiert, während ein Crossover nach unten als Verkaufssignal angesehen wird. Diese Momente sind wie Straßenkreuzungen, bei denen der Anleger entscheiden muss, ob er die Richtung ändern oder auf dem Kurs bleiben will. Bei der Verwendung von gleitenden Durchschnitten ist jedoch Vorsicht geboten, und man muss ihren probabilistischen Charakter respektieren. Sie sind keine Kristallkugel, die die Zukunft vorhersagen kann, sondern eher ein Thermometer, das das Marktklima zu einem bestimmten Zeitpunkt misst. Der kluge Anleger weiß, dass die Verwendung von gleitenden Durchschnitten mit einem soliden Verständnis der grundlegenden Faktoren, die den Kryptowährungsmarkt beeinflussen, und einem sorgfältigen Risikomanagement kombiniert werden muss.

Schließlich sind gleitende Durchschnitte mehr als nur ein technisches Werkzeug; sie sind eine Metapher für die langfristige Perspektive, die in der Welt der Kryptowährungen erforderlich ist. In einer Branche, die durch spektakuläre Hochs und Tiefs gekennzeichnet ist, ist die Fähigkeit, ruhig zu bleiben und über kurzfristige Schwankungen hinauszublicken, von entscheidender Bedeutung. Gleitende Durchschnitte lehren uns, wie wichtig diese Perspektive ist, und leiten uns durch Marktturbulenzen mit der Weisheit eines Menschen, der über die unmittelbare Gegenwart hinauszublicken weiß.

Zusammenfassend lässt sich sagen, dass gleitende Durchschnitte nicht nur ein technischer Indikator sind, sondern auch ein Symbol für den überlegten und informierten Ansatz, den jeder Anleger in der dynamischen und herausfordernden Welt der Kryptowährungen verfolgen sollte. Ihre Einfachheit, kombiniert mit ihrer Tiefe, macht sie zu einem unverzichtbaren Werkzeug für jeden, der sich erfolgreich durch die unsicheren Gewässer des Kryptomarktes bewegen möchte.

Doppeltes Maximum und doppeltes Minimum

In der komplizierten Welt der Kryptowährungen kommt der Kunst der Interpretation von Marktsignalen eine entscheidende Bedeutung zu. Unter ihnen stechen zwei Figuren der technischen Analyse aufgrund ihrer Relevanz und Häufigkeit hervor: das Doppelhoch und das Doppeltief. Diese Chartmuster sind nicht nur Preisformationen auf dem Chart, sondern wahre Geschichtenerzähler, die von Kämpfen, Zögern und Trendwechseln auf dem Markt erzählen.

Das Doppelhoch ist eine grafische Formation, die auftritt, wenn der Preis einer Kryptowährung zweimal einen Höchststand erreicht, der durch einen Tiefststand getrennt ist. Dieses Muster wird im Allgemeinen als bärisches Signal interpretiert. Es stellt einen Moment dar, in dem der Enthusiasmus der Anleger nachlässt und der Realität weicht, dass der Verkaufsdruck zu überwiegen beginnt. Das Doppelmaximum gleicht einem imposanten Berg, dessen zwei Gipfel die Landschaft dominieren, bevor sie in ein Tal übergehen. Der entscheidende Punkt in dieser Konfiguration ist die "Halslinie", der Tiefpunkt zwischen den beiden Gipfeln. Ein Durchbruch unter diese Linie signalisiert, dass der Abwärtstrend die Oberhand gewonnen hat.

Im Gegensatz dazu ist das Doppeltief das genaue Gegenteil des Doppelhochs. Er tritt auf, wenn der Kurs zweimal einen Tiefpunkt berührt, mit einem zwischenzeitlichen Abprall. Diese Formation gilt als zinsbullisches Signal, das darauf hindeutet, dass trotz wiederholten Verkaufsdrucks ein starkes Unterstützungsniveau hält. Das Doppeltief ähnelt einem Tal zwischen zwei Hügeln, in dem der Kurs einen fruchtbaren Boden zu finden scheint, bevor er zu höheren Spitzen aufsteigt. Auch hier ist die "Nackenlinie", die auf dem Hoch zwischen den beiden Tiefs liegt, entscheidend. Ein Durchbruch über diese Linie zeigt an, dass die Käufer die Kontrolle übernommen haben und den Kurs nach oben treiben.

Aber warum sind diese Muster so wichtig? Erstens bieten sie eine visuelle Darstellung des Gleichgewichts zwischen Angebot und Nachfrage. Wenn sich der Preis einer Kryptowährung einem Niveau nähert, das schon einmal erreicht wurde, werden die Anleger aufmerksam. Diese Kursniveaus gewinnen an psychologischer Bedeutung und werden zu Bezugspunkten für die Entscheidung zum Kauf oder Verkauf.

Doppelhochs und Doppeltiefs sind auch Ausdruck der natürlichen Unentschlossenheit, die die Märkte kennzeichnet. Hinter diesen Mustern verbergen sich Geschichten von Anlegern, die versuchen zu entscheiden, ob sie einen Trend fortsetzen oder sich zurückziehen sollen. Dieses Zögern ist spürbar, wenn sich der Preis der Bruchstelle nähert. Die Spannung, die sich um diese Niveaus aufbaut, ist ein Spiegelbild der kollektiven Psychologie des Marktes, ein faszinierendes und komplexes Phänomen.

Bei der Interpretation dieser Muster ist jedoch Vorsicht geboten. Nicht alle Doppelhochs oder Doppeltiefs bedeuten eine Trendwende. Manchmal handelt es sich um Fehlalarme, Fallen für weniger erfahrene Anleger. Daher ist es wichtig, die Analyse dieser Muster mit anderen technischen Indikatoren wie Handelsvolumen, gleitenden Durchschnitten oder

Momentum-Indikatoren zu kombinieren, um das Signal zu bestätigen oder zu dementieren.

Ein wichtiger Aspekt bei der Interpretation von Doppelhochs und Doppeltiefs ist der Kontext, in dem sie entstehen. Diese Muster existieren nicht isoliert, sondern sind Teil einer breiteren Landschaft. Frühere Kursverläufe, das allgemeine Marktumfeld und sogar Ereignisse in der Welt der Kryptowährungen spielen eine Rolle bei der Definition der Bedeutung und Gültigkeit dieser Signale.

Bei der Betrachtung von Doppelhochs und Doppeltiefs müssen die Anleger auch den Zeitrahmen beachten. Die Dauer zwischen den beiden Höchst- oder Tiefstständen kann sehr unterschiedlich sein, und diese Dauer hat Auswirkungen auf die Gültigkeit und Stärke des Signals. Ein Muster, das sich über einen längeren Zeitraum entwickelt, gilt im Allgemeinen als zuverlässiger als eines, das sich schnell bildet.

Ein weiterer zu berücksichtigender Faktor ist die "Tiefe" des Musters. Der Abstand zwischen den Höchst- (oder Tiefst-) Werten und der Halslinie gibt uns eine Vorstellung von der potenziellen Stärke der Kursbewegung, sobald das Muster abgeschlossen ist. Je größer dieser Abstand ist, desto stärker kann die anschließende Bewegung ausfallen.

Historische Beispiele auf dem Kryptowährungsmarkt zeigen, wie die korrekte Identifizierung eines Doppelhochs oder Doppeltiefs es Anlegern ermöglicht hat, fundierte Handelsentscheidungen zu treffen, sowohl für den Einstieg als auch für den Ausstieg aus Positionen. Diese Momente sind wie Scheidewege, an denen das Verständnis und die richtige Interpretation von Signalen den Unterschied zwischen einer erfolgreichen und einer weniger fruchtbaren Investition ausmachen können.

Doppelhochs und Doppeltiefs sind also mehr als nur Preiskonfigurationen. Sie sind Fenster, durch die wir die tiefe Dynamik des Kryptowährungsmarktes beobachten können. Ihre richtige Interpretation erfordert nicht nur ein solides Verständnis der technischen Analyse, sondern auch eine sorgfältige Einschätzung des Marktumfelds und ein umsichtiges Risikomanagement. In einem Markt, der von Volatilität und Unsicherheit geprägt ist, dienen Doppelhochs und Doppeltiefs als verlässliche Wegweiser, die den Anlegern helfen, sich im komplexen und faszinierenden Universum der Kryptowährungen sicherer zu bewegen.

Schlussfolgerung

Nachdem wir die verschiedenen Techniken der technischen Analyse in der Welt der Kryptowährungen kennengelernt haben, kommen wir zum Abschluss dieses Kapitels voller Erkenntnisse und Wissen. Wir haben das Wesen und die Anwendung grundlegender Instrumente wie die technische Analyse im Vergleich zur Fundamentalanalyse, RSI und Candlesticks, Unterstützungen und Widerstände, gleitende

Durchschnitte und schließlich Doppelhoch- und Doppeltiefmuster eingehend untersucht. Diese Reise hat uns eine tiefere und klarere Perspektive auf die Kunst des Kryptowährungshandels gegeben und uns gezeigt, wie jedes Werkzeug genutzt werden kann, um unser Verständnis und unsere Anlagestrategie zu verbessern.

Wie wir gesehen haben, ist die technische Analyse viel mehr als nur das Lesen von Charts und Zahlen. Sie ist eine Interpretation der Marktstimmung, eine Möglichkeit, zugrunde liegende Trends zu verstehen und zukünftige Bewegungen zu antizipieren. Die in diesem Kapitel untersuchten Instrumente sind nicht einfach nur Indikatoren, sondern echte Fenster zu einer Welt, in der Psychologie, Wirtschaft und Technologie auf komplexe Weise miteinander verwoben sind.

Durch den Vergleich von technischer und fundamentaler Analyse haben wir erkannt, wie wichtig ein ausgewogener Ansatz ist, der sowohl Marktdaten als auch die zugrunde liegenden Faktoren berücksichtigt, die den Wert von Kryptowährungen beeinflussen. Der RSI und die Candlesticks mit ihrer Fähigkeit, die Stimmung der Anleger zu erfassen und potenzielle Trendumkehrungen zu signalisieren, erweisen sich als wichtige Instrumente im Werkzeugkasten eines jeden Händlers.

Der Abschnitt über gleitende Durchschnitte zeigte uns, wie wichtig die Fähigkeit ist, Störfaktoren herauszufiltern und sich auf den Gesamttrend zu konzentrieren, um fundierte Entscheidungen zu treffen. Und schließlich vermittelte uns die Untersuchung von Doppelhochs und Doppeltiefs ein klares Bild davon, wie diese Muster wichtige Trendumkehrungen signalisieren und als Schlüsselindikatoren für Handelsstrategien dienen können.

Abschließend lässt sich sagen, dass dieses Kapitel uns eine solide Grundlage und ein tiefes Verständnis der technischen Analysetechniken im Kryptowährungshandel vermittelt hat. Dieses Wissen ist nicht nur ein Werkzeug, um fundiertere Investitionsentscheidungen zu treffen, sondern auch ein Schritt in Richtung einer größeren Beherrschung des Kryptowährungsmarktes. Die hier besprochenen Instrumente und Techniken sind für jeden Anleger, der sich erfolgreich auf dem Kryptowährungsmarkt bewegen möchte, einem Markt, der sich ständig weiterentwickelt und voller Möglichkeiten ist, unerlässlich. Wir hoffen, unsere Leser mit diesem Kapitel mit den notwendigen Fähigkeiten ausgestattet zu haben, um die Bewegungen dieses aufregenden und sich ständig verändernden Marktes intelligent zu interpretieren und darauf zu reagieren.

KAPITEL 5

Im fünften Kapitel unserer Reise in die Welt der Kryptowährungen werden wir eine detaillierte Analyse der wichtigsten Aspekte vornehmen, mit denen sich jeder Anleger auseinandersetzen muss: die Psychologie des Investierens, die Wahl zwischen langfristigen und kurzfristigen Strategien, das Management von Gewinnen und Verlusten und das Verständnis der Besteuerung von Kryptowährungen in Italien. Dieses Kapitel soll einen umfassenden und detaillierten Leitfaden bieten, der unverzichtbar ist, um sich auf dem Kryptowährungsmarkt klug und bewusst zu bewegen.

Zunächst werden wir uns mit der Psychologie des Investierens befassen, einem grundlegenden Aspekt, der über die reine technische und finanzielle Analyse hinausgeht. Das Verständnis der eigenen Emotionen, der kognitiven Voreingenommenheit und des Reaktionsverhaltens auf Marktschwankungen ist eine wesentliche Voraussetzung für durchdachte und effektive Anlageentscheidungen. Anschließend werden wir uns mit dem Unterschied zwischen langfristigen und kurzfristigen Anlagestrategien befassen und analysieren, wie sich beide an die unterschiedlichen Risikoprofile und finanziellen Ziele der Anleger anpassen lassen.

Im weiteren Verlauf werden wir uns auf das Gewinnmanagement konzentrieren, eine entscheidende Fähigkeit zur Maximierung der Erträge und zur Gewährleistung der langfristigen Nachhaltigkeit von Investitionen. Ebenso wichtig ist das Verlustmanagement, ein oft übersehener, aber wichtiger Aspekt für das Überleben und den Erfolg auf dem dynamischen Kryptowährungsmarkt. Wir werden Strategien zur Verlustbegrenzung untersuchen, aus Fehlern lernen und eine ausgewogene Perspektive beibehalten.

Das Kapitel schließt mit einer ausführlichen Diskussion der Besteuerung von Kryptowährungen in Italien, einem komplexen und sich ständig weiterentwickelnden Thema. Dieser Abschnitt liefert wertvolle Informationen über die aktuellen Steuervorschriften, die Pflichten der Anleger und Strategien für ein effektives Management der steuerlichen Aspekte von Kryptowährungsinvestitionen.

Dieses Kapitel soll Anlegern das nötige Rüstzeug an die Hand geben, um sich dem Kryptowährungsmarkt mit Zuversicht und Wissen zu nähern und sie durch die Herausforderungen und Chancen zu führen, die dieser spannende und innovative Sektor bietet.

Die Psychologie des Investierens in Kryptowährungen: Eine Reise in die Gedankenwelt des Anlegers

Im Universum der Kryptowährungen, in dem sich der Reiz des Neuen mit Marktturbulenzen vermischt, steht die Anlagepsychologie im Mittelpunkt. Dieses oft unterschätzte und doch so wichtige Gebiet taucht in die Tiefen des menschlichen Geistes ein und erforscht, wie Emotionen, Wahrnehmungen und Verhalten Investitionsentscheidungen beeinflussen. In den nächsten Zeilen werden wir in dieses komplizierte psychologische Labyrinth eintauchen und entdecken, wie unser Verstand entweder der größte Verbündete oder der heimtückischste Feind beim Investieren in Kryptowährungen sein kann.

Die Psychologie des Investierens in Kryptowährungen ist nicht nur eine Frage von Zahlen und Diagrammen; es ist ein Tanz zwischen Rationalität und Emotion, zwischen Analyse und Instinkt. In diesem Zusammenhang besteht die erste Herausforderung für den Anleger darin, seine Emotionen zu kontrollieren. Der Markt für Kryptowährungen ist für seine extreme Volatilität bekannt, die sowohl zu schnellen und bedeutenden Gewinnen als auch zu ebenso schnellen und schmerzhaften Verlusten führen kann. Diese Bewegungen können einen Wirbelsturm von Emotionen auslösen, der von Euphorie bis hin zu Angst reicht und Investitionsentscheidungen oft auf nicht-rationale Weise beeinflusst.

Euphorie kann beispielsweise zu einem gefährlichen Gefühl der Unbesiegbarkeit führen, das die Anleger zu überstürzten Entscheidungen veranlasst, bei denen die Risiken unterschätzt werden. Ebenso kann Angst zu überstürzten Verkäufen führen, oft zum ungünstigsten Zeitpunkt. Die Kunst, mit Emotionen umzugehen, ist daher ein entscheidender Aspekt für alle, die in Kryptowährungen investieren. Die eigenen Emotionen zu verstehen und zu erkennen ist der erste Schritt, um sich nicht von ihnen überwältigen zu lassen und gleichzeitig einen ausgewogenen und rationalen Ansatz für Investitionen zu verfolgen.

Ein weiterer grundlegender Aspekt der Anlagepsychologie ist die kognitive Verzerrung, d. h. die Verzerrungen in der Wahrnehmung und Entscheidungsfindung, die zu falschen Entscheidungen führen können. Davon ist die Bestätigungsverzerrung in der Welt der Kryptowährungen besonders relevant. Dieses Phänomen tritt auf, wenn Anleger nach Informationen suchen oder diese so interpretieren, dass sie ihre bereits bestehenden Überzeugungen bestätigen, während sie diejenigen ignorieren oder herunterspielen, die ihnen widersprechen. Auf einem so jungen und schnelllebigen Markt wie dem der Kryptowährungen ist das Risiko, dieser Voreingenommenheit zum Opfer zu fallen, hoch, vor allem, wenn man einem bestimmten Coin oder Projekt sehr zugetan ist.

Risikomanagement ist ein weiterer wesentlicher Bestandteil der Psychologie des Investierens. Auf dem Kryptowährungsmarkt ist Risikomanagement nicht nur eine Frage der Portfoliodiversifizierung oder Stop-Loss-Strategien, sondern auch eine Frage der Selbsterkenntnis. Das eigene Risikoprofil zu kennen und zu wissen, wie weit man bereit ist zu gehen, ist entscheidend, um diese raue See sicher zu navigieren. Dazu gehört auch, die eigenen Grenzen und Neigungen zu erkennen und sich nicht in Anlagen hineinziehen zu lassen, die nicht der eigenen Risikotoleranz oder den eigenen langfristigen Zielen entsprechen. Ein anschauliches Beispiel für die Bedeutung der Psychologie beim Investieren in Kryptowährungen ist die Beobachtung des Anlegerverhaltens während Marktrallyes oder Crashs. In solchen Zeiten spielt die Massenpsychologie eine Schlüsselrolle. Das Phänomen des "FOMO" (Fear Of Missing Out), also die Angst, etwas zu verpassen, kann Anleger dazu bringen, in Zeiten kollektiver Euphorie in den Markt einzusteigen, wenn die Preise oft schon überhöht sind. Ebenso kann kollektive Panik während eines Crashs zu Massenverkäufen führen, was die Situation weiter verschlimmert. Die Psychologie des Investierens ist jedoch nicht nur eine Frage von Herausforderungen und Hindernissen. Sie ist auch ein Weg zum persönlichen Wachstum und zur Reifung als Anleger. Sich selbst zu kennen, seine Emotionen im Griff zu haben und aus Erfahrungen zu lernen, sind wichtige Schritte bei der Entwicklung einer widerstandsfähigen und anpassungsfähigen Denkweise. Mit dieser Mentalität kann man den unvermeidlichen emotionalen Schwankungen des Kryptowährungsmarktes mit mehr Gelassenheit und Bewusstsein begegnen.

Zusammenfassend lässt sich sagen, dass die Psychologie des Investierens in Kryptowährungen eine faszinierende Reise in die menschliche Psyche ist, eine Reise, die nicht nur technisches Wissen, sondern auch tiefe Selbstbeobachtung und Selbsterkenntnis erfordert. Anleger, die die psychologischen Aspekte des Handels beherrschen, können emotionale Herausforderungen in Wachstumschancen umwandeln, indem sie klüger, widerstandsfähiger und letztlich effektiver in ihren Anlageentscheidungen werden. Die Fähigkeit, die eigenen Emotionen und Voreingenommenheiten zu verstehen und zu steuern, verbessert nicht nur die Anlageperformance, sondern bereichert die gesamte Erfahrung der Teilnahme an der lebendigen und dynamischen Welt der Kryptowährungen.

Zeitstrategien: Langfristig vs. Kurzfristig

Die Wahl zwischen langfristigen und kurzfristigen Anlagestrategien in der Welt der Kryptowährungen ist eine wichtige Entscheidung, die nicht nur die persönlichen Präferenzen eines Anlegers widerspiegelt, sondern auch seine Markteinschätzung,

Risikotoleranz und finanziellen Ziele. In diesem Abschnitt unserer Reise in die Welt der Kryptowährungen werden wir das Herzstück dieser beiden Anlagephilosophien erforschen und untersuchen, wie jede von ihnen zu verschiedenen Stilen und Zielen passt und welche Auswirkungen die jeweilige Wahl haben kann.

Langfristige Investitionen, die im Kryptowährungsjargon oft als "HODLing" bezeichnet werden, beruhen auf der Überzeugung, dass der Wert bestimmter Kryptowährungen trotz Volatilität und kurzfristiger Schwankungen im Laufe der Zeit steigen wird. Diese Strategie erfordert Geduld, eine langfristige Sichtweise und eine hohe Toleranz gegenüber Marktschwankungen. Langfristig orientierte Anleger neigen dazu, die langfristigen Aussichten einer Kryptowährung ausgiebig zu erforschen und ihre Entscheidungen auf Faktoren wie die zugrunde liegende Technologie, die potenzielle Akzeptanz, künftige Innovationen und das allgemeine Marktumfeld zu stützen.

Der Hauptvorteil langfristiger Investitionen besteht darin, dass man weniger der täglichen Volatilität ausgesetzt ist, die für den Kryptowährungsmarkt typisch ist. Darüber hinaus kann diese Strategie den emotionalen Druck und die Arbeitsbelastung verringern, die mit der ständigen Überwachung des Marktes verbunden sind. Für einen langfristig orientierten Anleger sind kurzfristige Preisänderungen weniger relevant; was zählt, ist ein nachhaltiges langfristiges Wachstum. Ein klassisches Beispiel für langfristiges Investieren war der Kauf von Bitcoin in den Anfangsjahren, als er noch eine technologische Neuheit war, durch diejenigen, die an sein revolutionäres Potenzial glaubten. Beim kurzfristigen Investieren oder Handeln hingegen werden Kryptowährungen innerhalb eines kürzeren Zeitrahmens, manchmal sogar innerhalb weniger Stunden oder Tage, gekauft und verkauft. Diese Strategie basiert auf der technischen Analyse von Marktbewegungen und versucht, von Preisschwankungen zu profitieren. Kurzfristig orientierte Anleger müssen extrem aufmerksam auf Markttrends, Nachrichten, die die Preise beeinflussen können, und verschiedene technische Indikatoren achten. Der kurzfristige Handel erfordert ein erhebliches zeitliches Engagement, ein hohes Maß an Disziplin und eine ausgeprägte Fähigkeit, mit Stress und Emotionen umzugehen.

Kurzfristiger Handel kann die Möglichkeit schneller Gewinne bieten, ist aber auch mit höheren Risiken verbunden. Die Volatilität des Kryptowährungsmarktes kann potenzielle Gewinne schnell in erhebliche Verluste verwandeln. Außerdem erfordert diese Strategie ständige Aufmerksamkeit für den Markt, was mental und emotional anstrengend sein kann. Ein Beispiel für den kurzfristigen Handel ist die Ankündigung eines neuen Projekts oder eines technologischen Upgrades, um von den zu erwartenden Kursbewegungen zu profitieren. Es ist wichtig zu beachten, dass weder langfristige noch kurzfristige Anlagen eine überlegene Strategie darstellen; vielmehr hat jede von ihnen ihre Vor- und Nachteile und ist für verschiedene Anlegertypen besser geeignet. Die Entscheidung zwischen langfristigen und kurzfristigen Anlagen hängt von vielen Faktoren ab, darunter die Risikotoleranz des Anlegers, sein Zeithorizont, seine Fähigkeiten zur Marktanalyse und sein zeitliches Engagement.

Ein entscheidender Faktor bei der Wahl zwischen diesen beiden Strategien ist die Risikotoleranz. Anleger, die größere Schwankungen tolerieren können und über die nötige Geduld verfügen, um abzuwarten, sind mit einer langfristigen Anlage am besten bedient. Diejenigen, die eine sofortige Befriedigung suchen und bereit sind, ein höheres Risiko einzugehen, werden dagegen den kurzfristigen Handel bevorzugen.

Ein weiterer zu berücksichtigender Aspekt ist der Zeithorizont der Investition. Wenn eine Person mit einem bestimmten kurzfristigen Ziel investiert, z. B. zur Finanzierung einer größeren Anschaffung oder einer Reise, kann ein kurzfristiger Handel angemessener sein. Für langfristige Ziele, wie z. B. das Sparen für den Ruhestand, kann jedoch ein langfristiger Anlageansatz vorteilhafter sein.

Darüber hinaus kann die Wahl zwischen diesen beiden Anlagestrategien auch davon abhängen, wie viel Zeit und Fachwissen im Bereich der Marktanalyse zur Verfügung steht. Kurzfristiger Handel erfordert einen erheblichen Zeitaufwand für die Marktbeobachtung und ein gutes Verständnis der technischen Analyse. Wenn eine Person nicht über die Zeit oder das Fachwissen verfügt, um sich am kurzfristigen Handel zu beteiligen, kann eine langfristige Anlage die klügere Wahl sein.

Daraus folgt, dass die Entscheidung zwischen langfristigen oder kurzfristigen Investitionen in den Kryptowährungsmarkt nicht leichtfertig getroffen werden sollte. Sie erfordert eine sorgfältige Abwägung der eigenen finanziellen Ziele, der eigenen Risikotoleranz, des eigenen Zeithorizonts sowie der eigenen Fähigkeiten und der eigenen zeitlichen Verfügbarkeit. Beide Strategien haben das Potenzial, rentabel zu sein, erfordern aber unterschiedliche Ansätze und Denkweisen. Der Schlüssel zum Erfolg liegt bei beiden Strategien in einer guten Planung, einem gut abgestimmten Risikomanagement und einer ständigen Bewertung und Anpassung der eigenen Strategie an die sich ändernden Marktbedingungen.

Gewinnmanagement beim Handel mit Kryptowährungen: Ein Gleichgewicht zwischen Rationalität und Emotion

Die Reise eines Anlegers in die Welt der Kryptowährungen ist von ebenso erwarteten wie lohnenden Momenten des Erfolgs und des Gewinns geprägt. Die Verwaltung von Gewinnen ist jedoch eine ebenso komplexe Kunst wie das Investieren. In diesem ausführlichen Beitrag konzentrieren wir uns auf das Ertragsmanagement im Kryptowährungshandel und untersuchen, wie man ein Gleichgewicht zwischen Rationalität und Emotionen findet und wie man Entscheidungen trifft, die nicht nur die Gewinne schützen, sondern sie langfristig optimieren.

Gewinnmanagement beginnt mit der Erkenntnis, dass jede Verkaufsentscheidung genauso wichtig ist wie jede Kaufentscheidung. Viele Anleger konzentrieren sich intensiv darauf, den richtigen Zeitpunkt für den Einstieg in einen Markt zu wählen, vernachlässigen aber, wie wichtig es ist, den richtigen Zeitpunkt für den Ausstieg zu kennen. Dies ist eine Schlüsselkomponente, um realisierte Gewinne effektiv zu nutzen. Der erste Schritt bei der Verwaltung von Gewinnen besteht daher darin, eine klare Strategie für die Realisierung von Gewinnen festzulegen, wozu auch die Festlegung spezifischer Kursziele oder der Einsatz von Stop-Losses zum Schutz von Gewinnen gehören kann.

Außerdem setzt die Verwaltung von Gewinnen ein tiefes Verständnis der eigenen Anlagestrategie und der langfristigen Ziele voraus. Für einen langfristig orientierten Anleger kann die Realisierung von Gewinnen zum Beispiel nicht einfach darin bestehen, bei Erreichen eines bestimmten Kurses zu verkaufen, sondern vielmehr darin, das Portfolio regelmäßig neu auszurichten, um das Gleichgewicht zu wahren und die eigene Asset-Allocation-Strategie einzuhalten. Dieser Prozess, der als Rebalancing bezeichnet wird, stellt sicher, dass das Portfolio trotz der Marktschwankungen mit den Zielen und der Risikotoleranz des Anlegers im Einklang steht.

Bei kurzfristigen Anlegern kann das Gewinnmanagement jedoch dynamischer sein. Dazu kann es gehören, regelmäßig Gewinne zu erzielen und diese dann in andere Handelsmöglichkeiten zu reinvestieren. In diesem Fall ist es unerlässlich, diszipliniert zu handeln und sich an einen klar definierten Handelsplan zu halten, um Entscheidungen zu vermeiden, die von Emotionen oder dem Streben nach noch größeren Gewinnen geleitet werden. Diese Disziplin kann durch den Einsatz von Instrumenten wie automatisierten Verkaufsaufträgen erleichtert werden, die dazu beitragen können, die Objektivität bei Handelsentscheidungen zu wahren.

Ein wichtiger Aspekt bei der Verwaltung von Gewinnen ist auch das Verständnis und die Verwaltung von Steuerrisiken. Die Steuervorschriften für Kryptowährungen können von Land zu Land sehr unterschiedlich sein und einen erheblichen Einfluss auf die erzielten Gewinne haben. Daher ist es wichtig, dass Sie informiert und darauf vorbereitet sind, die steuerlichen Auswirkungen Ihrer Handelsentscheidungen zu steuern. In einigen Fällen kann es von Vorteil sein, einen Steuerexperten zu konsultieren, um besser zu verstehen, wie Sie die Steuerverwaltung Ihrer Kryptowährungsinvestitionen optimieren können.

Die Psychologie spielt bei der Verwaltung von Gewinnen eine wichtige Rolle. Es ist leicht, von der Euphorie einer erfolgreichen Investition überwältigt zu werden, aber es ist wichtig, ruhig und rational zu bleiben. Gier kann zu irrationalen Entscheidungen führen, z. B. wenn man zu lange an einer Investition festhält, in der Hoffnung auf noch größere Gewinne, und dabei riskiert, die bereits erzielten Gewinne zu verlieren. Ebenso kann die Angst vor Gewinneinbußen zu vorzeitigen Verkäufen führen, wodurch weitere potenzielle Gewinne verpasst werden. Es kommt also darauf an, ein Gleichgewicht zu finden und die Entscheidungen auf eine gut durchdachte Strategie und eine objektive Marktanalyse zu stützen.

Ein weiteres wichtiges Element bei der Verwaltung von Gewinnen ist die Diversifizierung. Die Realisierung von Gewinnen aus einer Anlage kann eine Gelegenheit sein, das eigene Portfolio zu diversifizieren, das Risiko zu verringern und neue Anlagemöglichkeiten zu erkunden. Die Diversifizierung kann dazu beitragen, realisierte Gewinne zu schützen und ein ausgewogenes Portfolio im Einklang mit der eigenen Anlagestrategie und Risikotoleranz zu erhalten.

Zusammenfassend lässt sich sagen, dass das Management von Gewinnen im Kryptowährungshandel eine Mischung aus Disziplin, Planung, Wissen und Verständnis für die eigene Psychologie erfordert. Es ist ein Prozess, der über die bloße Erzielung von Gewinnen hinausgeht; er ist ein grundlegender Bestandteil einer allgemeinen Anlagestrategie, die darauf abzielt, das Kapital im Laufe der Zeit zu schützen und zu vermehren. Durch einen ganzheitlichen Ansatz für das Ertragsmanagement, der strategische Planung, Risikomanagement, Diversifizierung und ein tiefgreifendes Verständnis der eigenen Emotionen und Neigungen umfasst, können Anleger mit größerem Vertrauen durch den dynamischen Kryptowährungsmarkt navigieren und aus ihren Investitionen Kapital schlagen.

Verlustmanagement beim Handel mit Kryptowährungen

Auf der Reise durch die wechselnden Strömungen des Kryptowährungsmarktes ist einer der kritischsten und doch am meisten unterschätzten Aspekte das Verlustmanagement. Der Umgang mit und das Management von Verlusten ist nicht nur eine technische Fähigkeit; es ist eine Kunst, die eine Balance aus Marktverständnis, persönlicher Disziplin und emotionaler Weisheit erfordert. In diesem ausführlichen Beitrag werden wir die Komplexität des Verlustmanagements im Kryptowährungshandel untersuchen und Strategien für den Umgang mit diesem unvermeidlichen Aspekt der Investmentwelt aufzeigen.

Zunächst einmal ist es wichtig zu akzeptieren, dass Verluste ein wesentlicher Bestandteil des Handels sind. Kein Anleger kann von sich behaupten, nur Erfolg zu haben, und Kryptowährungen mit ihrer hochvolatilen Natur bilden da keine Ausnahme. Die erste Regel im Umgang mit Verlusten ist daher Akzeptanz: Erkennen Sie an, dass Verluste vorkommen und dass sie ein natürlicher und notwendiger Schritt sind, um als Händler zu lernen und zu wachsen.

Ein wirksames Verlustmanagement beginnt mit einer umsichtigen Planung. Bevor der Anleger einen Handel eingeht, sollte er sich über seine Risikotoleranz im Klaren sein und bestimmte Grenzen für akzeptable Verluste festlegen. Dazu kann auch die Implementierung von Stop-Loss-Orders gehören, die eine Position automatisch schließen, wenn der Kurs ein bestimmtes Niveau erreicht, und so die potenziellen Verluste begrenzen. Stop-Loss-Aufträge sind ein unverzichtbares Instrument im Werkzeugkasten eines jeden Händlers, da sie dazu beitragen, ein diszipliniertes Vorgehen beizubehalten und emotionale Entscheidungen in Zeiten von Marktstress zu vermeiden.

Neben der technischen Planung erfordert der Umgang mit Verlusten eine starke emotionale Disziplin. Die Welt des Kryptowährungshandels ist oft ein Wechselbad der Gefühle, und die Fähigkeit, in Verlustphasen ruhig und klar zu bleiben, ist entscheidend. Sehr oft reagieren Anleger emotional auf Verluste und verfallen in Panik oder Frustration, was zu übereilten und potenziell schädlichen Entscheidungen führen kann. Die Disziplin, die eigene Handelsstrategie beizubehalten und sich nicht von Emotionen überwältigen zu lassen, ist eine grundlegende Fähigkeit für die wirksame Bewältigung von Verlusten.

Ein weiterer wichtiger Aspekt des Verlustmanagements ist die Analyse und das Lernen aus den eigenen Fehlern. Jeder Verlust bietet die Gelegenheit, darüber nachzudenken, was falsch gelaufen ist und wie man künftige Strategien verbessern kann. Dazu kann es gehören, Handelsentscheidungen zu überprüfen, Marktbewegungen zu analysieren und zu beurteilen, ob der Verlust das Ergebnis unkontrollierbarer externer Faktoren oder von Fehlern in der Handelsstrategie war. Kontinuierliches Lernen und Anpassung sind unerlässlich, um die Handelsfertigkeiten zu verbessern und die künftige Leistung zu steigern.

Außerdem ist eine langfristige Perspektive unerlässlich. Kurzfristige Verluste können zwar schmerzhaft sein, aber es ist wichtig, sie im Zusammenhang mit den langfristigen Anlagezielen zu bewerten. Manchmal kann eine langfristige Sichtweise dazu beitragen, die emotionalen Auswirkungen kurzfristiger Verluste abzumildern und eine ausgewogenere Perspektive zu bewahren.

Ein oft übersehenes Element beim Verlustmanagement ist die geistige und körperliche Gesundheit. Der Handel, vor allem in einem so volatilen Markt wie dem

Kryptowährungsmarkt, kann stressig und psychisch anstrengend sein. Sich um die eigene geistige und körperliche Gesundheit zu kümmern, ist entscheidend, um die Klarheit und Entscheidungsfähigkeit zu erhalten, die für ein effektives Verlustmanagement erforderlich sind. Dazu gehört auch, dass man sich eine Pause vom Handel gönnt, sich entspannt oder sportlich betätigt und ein gesundes Gleichgewicht zwischen Arbeit und Privatleben findet.

Ein letzter Aspekt beim Verlustmanagement ist die Widerstandsfähigkeit. Die Fähigkeit, sich von erheblichen Verlusten zu erholen und die eigene Anlagestrategie weiterzuverfolgen, erfordert ein starkes Gefühl der Widerstandsfähigkeit und Entschlossenheit. Die Erinnerung daran, dass Verluste nur vorübergehend sind und dass der Weg der Investitionen mit Höhen und Tiefen gespickt ist, kann helfen, die Motivation aufrechtzuerhalten und sich auf langfristige Ziele zu konzentrieren.

Zusammenfassend lässt sich sagen, dass der Umgang mit Verlusten beim Handel mit Kryptowährungen ein komplexer Prozess ist, der eine Kombination aus technischer Planung, emotionaler Disziplin, kontinuierlichem Lernen und Widerstandsfähigkeit erfordert. Indem sie akzeptieren, dass Verluste ein integraler Bestandteil des Handelsprozesses sind, Strategien zu ihrer Begrenzung implementieren, aus ihren Fehlern lernen und eine langfristige Perspektive beibehalten, können Investoren den Kryptowährungsmarkt effektiver navigieren. Verlustmanagement ist nicht nur eine technische Fähigkeit; es ist ein grundlegender Aspekt eines reifen Anlegers, der in der Lage ist, den Herausforderungen des Marktes mit Ausgewogenheit und Weisheit zu begegnen.

Die Besteuerung von Kryptowährungen in Italien: Ein Weg durch Vorschriften und steuerliche Auswirkungen

In der immer stärker gegliederten Landschaft der Kryptowährungen ist ein Aspekt, der oft zu Unsicherheit führt und besondere Aufmerksamkeit erfordert, die Besteuerung. In Italien ist die steuerliche Behandlung von Kryptowährungen ein Thema, das sich im Laufe der Zeit entwickelt hat und sich der Dynamik eines sich schnell verändernden Sektors anpasst. In diesem Aufsatz werden wir die italienische Steuergesetzgebung in Bezug auf Kryptowährungen eingehend untersuchen und die Verantwortlichkeiten der Anleger und die Auswirkungen der verschiedenen Aktivitäten im Zusammenhang mit diesen neuen Formen von Vermögenswerten darlegen.

Die Grundlage für das Verständnis der Besteuerung von Kryptowährungen in Italien findet sich in den Leitlinien der Agenzia delle Entrate. Nach italienischem Recht werden Kryptowährungen für Steuerzwecke als "immaterielle Vermögenswerte" betrachtet. Das bedeutet, dass Kryptowährungen im Gegensatz zu traditionellen Währungen nicht direkt von einer zentralen Finanzinstitution reguliert werden, sondern steuerlichen Vorschriften unterliegen, die Gewinne aus ihnen als Kapitalgewinne behandeln.

Einer der wichtigsten Aspekte bei der Besteuerung von Kryptowährungen ist die Unterscheidung zwischen Handel und Halten zu Anlagezwecken. Für Anleger, die Kryptowährungen mit der Absicht erwerben, sie langfristig zu halten, unterliegen die aus ihrem Verkauf erzielten Kapitalgewinne nur dann der Besteuerung, wenn diese Vermögenswerte in Fiat-Währung umgewandelt oder zum Kauf von Waren und Dienstleistungen verwendet werden. Dies ist von entscheidender Bedeutung, denn es bedeutet, dass der bloße Besitz von Kryptowährungen keine unmittelbare Steuerpflicht auslöst.

Was die Besteuerung betrifft, so unterliegen Kapitalgewinne aus dem Verkauf von Kryptowährungen einer pauschalen Ersatzsteuer von 26 %. Wichtig ist, dass diese Steuer nur anfällt, wenn der Gesamtumsatz im Steuerjahr einen Schwellenwert von 51.645,69 EUR überschreitet. Bleiben die Verkäufe unter diesem Schwellenwert, unterliegen die Kapitalgewinne nicht der Steuer. Diese Steuerregelung ist vergleichbar mit derjenigen, die für Anlagen in Aktien und andere Finanzinstrumente gilt.

Für Anleger, die sich aktiv am Handel mit Kryptowährungen beteiligen, kann die Steuersituation komplexer sein. Handelsaktivitäten, bei denen Kryptowährungen häufig gekauft und verkauft werden, können als geschäftliche Tätigkeit angesehen werden und unterliegen als solche der Besteuerung auf der Grundlage der erzielten Gewinne. In diesem Fall ist es wichtig, alle Transaktionen, einschließlich der Kauf- und Verkaufspreise, Provisionen und anderer damit verbundener Kosten, genau zu verfolgen, um das steuerpflichtige Einkommen korrekt zu ermitteln.

Ein weiterer wichtiger Aspekt betrifft die Steuererklärungen. Die Anleger sind verpflichtet, ihre Kryptowährungsanlagen im RW-Panel der Steuererklärung anzugeben, das die steuerliche Überwachung von im Ausland gehaltenen Finanzanlagen betrifft. Diese Verpflichtung gilt unabhängig von der Realisierung von Kapitalgewinnen und dient der Transparenz und Kontrolle von Finanzvermögen, das außerhalb der nationalen Grenzen gehalten wird.

Das italienische Steuerrecht für Kryptowährungen ist noch in der Entwicklung begriffen. Die Agenzia delle Entrate hat einige Leitlinien bereitgestellt, aber viele Aspekte bleiben auslegungsbedürftig und bedürfen möglicherweise weiterer Klärung. Für Anleger ist es von entscheidender Bedeutung, sich über die neuesten Vorschriften auf dem Laufenden zu halten und bei Bedarf einen Steuerexperten zu konsultieren, um sicherzustellen, dass sie ihre steuerlichen Pflichten korrekt erfüllen.

Die Besteuerung von Kryptowährungen in Italien spiegelt den Versuch wider, diese neuen Formen von Vermögenswerten in das bestehende Steuersystem zu integrieren, während gleichzeitig ihre Einzigartigkeit und ihr sich entwickelnder Charakter anerkannt werden. Für Anleger in Kryptowährungen ist das Verständnis und die Einhaltung dieser Vorschriften nicht nur eine rechtliche Verpflichtung, sondern auch ein wesentlicher Bestandteil einer verantwortungsvollen und informierten Verwaltung ihrer Investitionen. Ein ernsthafter und sorgfältiger Umgang mit Steuerfragen kann dazu beitragen, künftige Komplikationen zu vermeiden und sicherzustellen, dass die Investition in Kryptowährungen nicht nur profitabel ist, sondern auch den geltenden Vorschriften entspricht.

Daraus folgt, dass die Besteuerung von Kryptowährungen in Italien ein komplexes und sich weiterentwickelndes Thema ist. Die Anleger müssen sich proaktiv informieren und die steuerlichen Auswirkungen ihrer Handels- und Anlageaktivitäten verstehen. Ein sorgfältiger und informierter Umgang mit Steuerfragen stellt nicht nur die Einhaltung der geltenden Gesetze sicher, sondern ist auch ein wesentlicher Schritt für einen verantwortungsvollen und reifen Ansatz bei Investitionen in die Welt der Kryptowährungen.

Schlussfolgerung

Mit dem Abschluss des fünften Kapitels haben wir einen Weg voller grundlegender Erkenntnisse und Strategien für Investitionen in den Kryptowährungsmarkt beschritten. Wir haben die komplexe Schnittmenge zwischen Anlagepsychologie, lang- und kurzfristigen Strategien, Gewinn- und Verlustmanagement und der Besteuerung von Kryptowährungen in Italien erforscht. Diese Reise hat uns einen ganzheitlichen und detaillierten Einblick verschafft, der für ein erfolgreiches Agieren in diesem Sektor unerlässlich ist.

Wir haben herausgefunden, dass die Anlagepsychologie für den Erfolg oder Misserfolg von Handelsstrategien entscheidend ist. Die Fähigkeit, mit Emotionen umzugehen, kognitive Verzerrungen zu erkennen und einen rationalen Ansatz zu verfolgen, ist von grundlegender Bedeutung für eine erfolgreiche Navigation auf dem Markt. Außerdem haben wir gesehen, dass die Wahl zwischen langfristigen und kurzfristigen Investitionen von einer Vielzahl von Faktoren abhängt, darunter das individuelle Risikoprofil, die finanziellen Ziele und die zeitliche Verfügbarkeit.

Das Management von Gewinnen und Verlusten hat sich als wichtiger Aspekt bei Investitionen in Kryptowährungen erwiesen. Wir lernten, dass ein effektives

Gewinnmanagement Disziplin und eine langfristige Sichtweise erfordert, während das Verlustmanagement Belastbarkeit, kontinuierliches Lernen und eine ausgewogene Perspektive erfordert. Schließlich wurde die Besteuerung von Kryptowährungen in Italien im Detail untersucht, wobei die steuerliche Verantwortung der Anleger und die Notwendigkeit, über sich ändernde Vorschriften informiert zu bleiben, hervorgehoben wurden.

Abschließend lässt sich sagen, dass dieses Kapitel eine solide Grundlage für das Verständnis und die Auseinandersetzung mit den vielen Facetten von Investitionen in Kryptowährungen bietet. Die hier untersuchten Fähigkeiten, Kenntnisse und Strategien sind für jeden Anleger, der sich auf den Kryptowährungsmarkt wagt, unerlässlich. Dieses Kapitel bereichert nicht nur das technische und praktische Verständnis des Handels, sondern liefert auch die Grundlage für einen informierten und ausgereiften Ansatz beim Investieren, ein Schlüsselfaktor, um die dynamische und herausfordernde Welt der Kryptowährungen mit Vertrauen und Erfolg zu navigieren.

BONUS KAPITEL

Im letzten Kapitel unserer Erkundung der Welt der Kryptowährungen tauchen wir in den anspruchsvollen Bewertungsprozess von Altcoins ein, einem dynamischen und sich ständig weiterentwickelnden Sektor des Kryptomarktes. Dieses Kapitel zielt darauf ab, Anlegern die Werkzeuge und das Wissen an die Hand zu geben, das sie benötigen, um die verschiedenen Aspekte, die den Wert und das Potenzial eines Altcoin-Projekts definieren, kritisch und informell zu analysieren. Von einer eingehenden Analyse der Tokenomics über die Untersuchung des Nutzens und die Bedeutung von Token-Inhabern und Projektteams bis hin zur Erkundung von Strategien zur Entdeckung neuer Altcoins und zum Verständnis der Auswirkungen von Influencern auf diese Märkte bietet dieses Kapitel einen umfassenden Leitfaden, um sich in der zunehmend komplexen Welt der alternativen Kryptowährungen sicher zu bewegen.

Entschlüsselung des Potenzials eines Altcoin-Projekts.

Im riesigen und sich ständig verändernden Universum der Kryptowährungen stellt die Bewertung eines Altcoin-Projekts eine der faszinierendsten und komplexesten Herausforderungen für Anleger dar. Jeder Altcoin erscheint mit einem einzigartigen Versprechen, hinter dem Technologien, Visionen und Pläne stehen, die sich enorm unterscheiden. In diesem Aufsatz werden wir uns eingehend mit der Bewertung eines Altcoin-Projekts befassen und die wichtigsten Kriterien aufzeigen, die Anlegern helfen können, ein vielversprechendes Projekt von einem Projekt zu unterscheiden, das in Vergessenheit geraten wird.

Die Analyse eines Altcoin-Projekts beginnt mit dem Verständnis seiner Vision und seines Wertversprechens. Jeder Altcoin wird mit einem bestimmten Ziel geboren: Er kann darauf abzielen, den Zahlungsverkehr zu revolutionieren, Lösungen zum Schutz der Privatsphäre anzubieten, bestimmte industrielle Prozesse effizienter zu gestalten oder vielleicht neue Möglichkeiten im Bereich der digitalen Unterhaltung zu schaffen. Entscheidend ist, das Problem zu verstehen, das der Altcoin zu lösen versucht, und seine Relevanz und Anwendbarkeit im aktuellen und zukünftigen Kontext zu bewerten. Ein Projekt, das sich mit einem echten und klar definierten Bedarf befasst, wird eher Erfolg haben als eines, das kein klares Ziel verfolgt oder ein unbedeutendes Problem löst.

Als Nächstes ist es wichtig, die Technologie hinter dem Altcoin zu untersuchen. Technologische Robustheit, Innovation und Skalierbarkeit sind entscheidende Aspekte.

Ein Projekt mit einer robusten und gut entwickelten Technologie, die einzigartige oder verbesserte Lösungen im Vergleich zu bestehenden Lösungen bietet, wird sich auf einem überfüllten Markt eher durchsetzen können. Es ist auch wichtig, die Skalierbarkeit des Projekts zu bewerten: Kann es wachsen und sich anpassen, wenn die Zahl der Nutzer und Transaktionen steigt?

Ein weiterer wichtiger Faktor bei der Bewertung eines Altcoins ist das Team, das hinter dem Projekt steht. Ein erfahrenes, kompetentes Team mit einer nachgewiesenen Erfolgsbilanz in Kryptowährungen oder relevanten Bereichen kann die Wahrscheinlichkeit des Projekterfolgs deutlich erhöhen. Es ist wichtig, sich über die Referenzen, die bisherigen Erfahrungen und den Ruf der Teammitglieder zu informieren. Ein Team, das Transparenz, ständige Kommunikation mit der Community und ein langfristiges Engagement an den Tag legt, ist ein positives Zeichen.

Darüber hinaus ist es von entscheidender Bedeutung, das Geschäftsmodell und den Entwicklungsplan des Altcoins zu analysieren. Wie beabsichtigt er, Einnahmen zu erzielen? Wie sieht der Marketing- und Expansionsplan aus? Ein Projekt, das ein klares und nachhaltiges Geschäftsmodell sowie gut strukturierte Pläne für die Zukunft hat, ist für Investoren attraktiver. Es ist auch wichtig, den aktuellen Grad der Akzeptanz des Projekts zu bewerten: Hat es bereits eine große Nutzerbasis? Gibt es bestehende oder geplante Unternehmenspartnerschaften oder Kooperationen, die das Wachstum beschleunigen könnten?

Die Analyse der Gemeinschaft und der Unterstützung durch die Anleger ist ebenso wichtig. Eine aktive und engagierte Community kann die Entwicklung und Verbreitung des Altcoins maßgeblich unterstützen. Diskussionsforen, Social-Media-Kanäle und Community-Aktivitäten können wertvolle Einblicke in den Enthusiasmus und das Interesse an dem Projekt bieten.

Die Projektbewertung muss auch ein gründliches Verständnis der damit verbundenen Risiken beinhalten. Die Investoren müssen technologische, marktbezogene und regulatorische Risiken berücksichtigen. Wie geht das Projekt mit Sicherheit und Datenschutz um? Mit welchen rechtlichen Herausforderungen könnte es konfrontiert werden? Das Verständnis der Risiken hilft, sich ein ausgewogenes Bild vom Potenzial des Projekts und seinen Schwachstellen zu machen.

Ein wichtiger Aspekt bei der Bewertung eines Altcoins ist schließlich die kritische Analyse der Marktdaten. Die Marktkapitalisierung, das Handelsvolumen, die Verbreitung und die Liquidität des Altcoins sind entscheidende Indikatoren für seine Gesundheit und sein Wachstumspotenzial. Wichtig ist auch ein Blick auf die historischen Kurscharts, um vergangene Trends und Marktreaktionen auf bestimmte Ereignisse zu verstehen.

Wir wissen daher, dass die Bewertung eines Altcoin-Projekts einen ganzheitlichen Ansatz erfordert, der eine Vielzahl von Faktoren berücksichtigt: von der Vision des Projekts und der Technologie über die Expertise des Teams, das Geschäftsmodell und die Entwicklungspläne bis hin zur Community und den damit verbundenen Risiken. Ein gründliches, multidimensionales Verständnis dieser Elemente ist unerlässlich, um ein vielversprechendes Altcoin-Projekt von einem Projekt zu unterscheiden, das keinen bleibenden Eindruck in der Kryptowährungslandschaft hinterlassen wird. Anleger, die einen sorgfältigen und informierten Ansatz zur Altcoin-Bewertung verfolgen, sind besser gerüstet, um kluge und wohlüberlegte Investitionsentscheidungen in diesem spannenden und sich ständig weiterentwickelnden Sektor zu treffen.

Tokenomics

Im dynamischen Kryptowährungsuniversum spielt die "Tokenomik" oder die Ökonomie von Token eine Schlüsselrolle für den Wert und den langfristigen Erfolg eines Altcoins. Tokenomics ist die Wissenschaft, die untersucht, wie Token innerhalb eines Krypto-Ökosystems strukturiert sind. Sie umfasst das Gesamtangebot an Token, Verteilungsmuster, Nutzungsrichtlinien und Anreizstrategien. In dieser Analyse werden wir tief in die Tokenomik eintauchen, um zu verstehen, wie sie das Potenzial und die Nachhaltigkeit eines Altcoin-Projekts beeinflusst.

Zunächst einmal ist es wichtig, das Gesamtangebot an Token und seine Verteilung zu verstehen. Das Angebot kann fest sein, wie im Fall von Bitcoin, oder flexibel, wobei die Anzahl der Token nach bestimmten Kriterien steigen oder sinken kann. Ein begrenztes Angebot kann darauf hindeuten, dass der Wert im Laufe der Zeit aufgrund der Knappheit steigen könnte. Ein zu begrenztes Angebot kann jedoch auch die Massenakzeptanz behindern, wenn die Token zu teuer oder unzugänglich werden. Umgekehrt kann ein zu großes Angebot zu einer Wertverwässerung führen. Der Schlüssel liegt darin, ein Gleichgewicht zu finden, das sowohl das Wachstum als auch die praktische Nutzung des Tokens unterstützt.

Ebenso wichtig ist die Art und Weise, wie die Token verteilt werden. Eine faire und transparente Verteilung kann das Vertrauen in die Währung erhöhen und ein stabileres und dezentrales Ökosystem fördern. Eine Verteilung, die Gründer oder bestimmte Gruppen übermäßig begünstigt, kann zu Ungleichgewichten führen und bei Anlegern Bedenken hinsichtlich möglicher Marktmanipulationen oder konzentrierter Verkäufe wecken.

Ein weiterer wesentlicher Bestandteil von Tokenomics ist der Mechanismus der Tokenverwendung innerhalb des Ökosystems. Ein Token muss einen klaren Zweck und eine genau definierte Funktion haben. Er kann als Tauschmittel, als Wertaufbewahrungsmittel, als Governance-Token, der Stimmrechte bei wichtigen Projektentscheidungen verleiht, oder als Anreiz zur Aufrechterhaltung der Sicherheit und Effizienz des Netzwerks dienen. Die Klarheit der Rolle des Tokens und sein praktischer Nutzen sind wichtige Indikatoren für sein langfristiges Potenzial.

Darüber hinaus sind Anreizstrategien in der Tokenomik von entscheidender Bedeutung. Diese Strategien können Staking, Farming oder andere Belohnungsmechanismen umfassen, die die Nutzer zur aktiven Teilnahme am Ökosystem ermutigen. Anreize sollten so gestaltet sein, dass sie nicht nur den Kauf und das Halten des Tokens fördern, sondern auch seine tatsächliche Nutzung und seinen Beitrag zum Projekt. Ein gut strukturiertes Anreizsystem kann das Wachstum und die Nachhaltigkeit des Projekts fördern.

Ein oft übersehener, aber ebenso wichtiger Aspekt sind die Auswirkungen der Wirtschafts- und Währungspolitik auf Tokenomics. Wie geht das Projekt mit Inflation um? Gibt es Verbrennungs- oder Rückkaufmechanismen, um das Angebot an Token im Umlauf zu regulieren? Der sorgfältige Umgang mit Inflation und Deflation ist entscheidend für die Aufrechterhaltung eines wirtschaftlichen Gleichgewichts innerhalb des Ökosystems.

Darüber hinaus ist es wichtig zu bewerten, wie Tokenomics mit der allgemeinen Vision und den Zielen des Projekts zusammenpasst. Ein Token, der perfekt auf die Ziele des Projekts abgestimmt ist und dessen Entwicklung und Wachstum aktiv unterstützt, hat eine höhere Erfolgswahrscheinlichkeit. Die Kohärenz zwischen Tokenomics und der allgemeinen Projektmission ist ein positives Signal für Investoren.

Schließlich sind Transparenz und Kommunikation entscheidend. Ein Projekt, das seine Tokenomics offen kommuniziert und regelmäßig über Fortschritte und Änderungen informiert, ist vertrauenswürdiger. Dies stärkt nicht nur das Vertrauen der Anleger, sondern trägt auch zur Schaffung einer informierten und engagierten Gemeinschaft bei.

Zusammenfassend lässt sich sagen, dass die Tokenomik eine wichtige Säule bei der Bewertung eines Altcoin-Projekts ist. Das Verständnis der Tokenomics eines Projekts ermöglicht es Investoren, das langfristige Potenzial, die Nachhaltigkeit und die wirtschaftliche Integrität des Projekts zu bewerten. Eine gut konzipierte und umgesetzte Tokenomik kann ein starker Wachstums- und Erfolgsfaktor für ein Altcoin-Projekt sein, während eine schlecht gemanagte oder unklare Tokenomik ein Warnsignal für Investoren sein kann. In der sich schnell entwickelnden Welt der Kryptowährungen geht es bei der Tokenomik nicht nur um Zahlen, sondern um die Kunst, ein ausgewogenes und florierendes wirtschaftliches Ökosystem zu schaffen und zu erhalten.

Die Bedeutung des Nutzens bei Altcoin-Projekten

Im faszinierenden und komplexen Universum der Kryptowährungen ist der Nutzen, d. h. die praktische Nützlichkeit eines Altcoins, eine Schlüsselkomponente bei der Bestimmung seines Wertes und langfristigen Potenzials. Damit ein Altcoin als wertvoll erachtet wird und Wachstumsperspektiven hat, muss er einen klaren Zweck haben und einen greifbaren Bedarf erfüllen. In diesem Aufsatz werden wir uns eingehend mit der Bedeutung des Nutzens von Altcoin-Projekten befassen und untersuchen, wie dieser ihre Akzeptanz, ihren Wert und ihre Nachhaltigkeit im Laufe der Zeit beeinflusst.

Der Nutzen eines Altcoins ist untrennbar mit der Lösung echter Probleme oder der Verbesserung bestehender Prozesse verbunden. Ein Altcoin kann auf verschiedene Weise Nutzen bieten: indem er schnellere und billigere Transaktionen ermöglicht, fortschrittliche Lösungen für den Schutz der Privatsphäre bietet, den Zugang zu dezentralen Finanzdienstleistungen (DeFi) ermöglicht oder die Schaffung und den Handel mit einzigartigen digitalen Vermögenswerten (z. B. nicht-fungible Token oder NFTs) ermöglicht. Entscheidend ist, dass Altcoin einen Mehrwert bieten müssen, der sie von herkömmlichen Währungen und anderen Kryptowährungen unterscheidet.

Um den Nutzen eines Altcoins zu beurteilen, muss man seine Akzeptanz und praktische Anwendung berücksichtigen. Ein Altcoin, der aktiv in realen Transaktionen verwendet wird, z. B. im elektronischen Handel, im internationalen Zahlungsverkehr oder auf Spielplattformen, hat seinen Nutzen bewiesen. Darüber hinaus sind die Integration in bestehende Systeme und die Benutzerfreundlichkeit Indikatoren für den realen Nutzen eines Altcoins.

Ein weiterer wichtiger Aspekt ist die langfristige Nachhaltigkeit des angebotenen Nutzens. Ein Projekt, das auf eine vorübergehende Modeerscheinung oder einen vorübergehenden Bedarf reagiert, hat weniger Aussicht auf langfristigen Erfolg als ein Projekt, das anhaltende Probleme angeht oder kontinuierliche Verbesserungen bietet. Daher ist es wichtig zu beurteilen, ob der Nutzen eines Altcoins aufrechterhalten werden und im Laufe der Zeit wachsen kann.

Die Technologie, die hinter einem Altcoin steht, spielt eine entscheidende Rolle für den Nutzen. Die Blockchain, auf der der Altcoin basiert, seine technischen Merkmale, Sicherheit und Skalierbarkeit sind alles Faktoren, die sich direkt auf seinen praktischen Nutzen auswirken. Ein Altcoin, der sich auf eine robuste und innovative Technologie stützt, die in der Lage ist, sich als Reaktion auf Marktveränderungen anzupassen und weiterzuentwickeln, hat einen erheblichen Vorteil.

Neben der Technologie sind auch die Vision und die Strategie des Teams hinter dem Altcoin von entscheidender Bedeutung. Ein Team, das ein klares Verständnis für den Markt, die Zielnutzer und die möglichen Anwendungen seines Tokens hat, wird mit größerer Wahrscheinlichkeit ein Produkt mit echtem und dauerhaftem Nutzen entwickeln. Das Vorhandensein eines gut formulierten Entwicklungsplans und einer klaren Roadmap ist ein positives Zeichen für das Engagement des Teams, den Nutzen seines Altcoins zu gewährleisten und zu steigern.

Ein oft übersehener, aber wichtiger Aspekt bei der Analyse des Nutzens eines Altcoins ist das Ökosystem, in das er passt. Ein Altcoin, der Teil eines breiteren Ökosystems ist, einschließlich Partnerschaften mit anderen Unternehmen, Integrationen mit bestehenden Plattformen und Zusammenarbeit mit Entwicklern, wird mit größerer Wahrscheinlichkeit genutzt werden und an Wert gewinnen. Ein reichhaltiges und vielfältiges Ökosystem kann einen fruchtbaren Boden für das Wachstum und die Akzeptanz von Altcoins bilden.

Abschließend lässt sich sagen, dass der Nutzen ein wichtiger Aspekt bei der Bewertung eines Altcoin-Projekts ist. Ein Altcoin, der einen greifbaren Nutzen bietet, auf einer soliden Technologie basiert, von einem kompetenten Team unterstützt wird und in ein reichhaltiges Ökosystem eingebettet ist, hat das Potenzial, sich in einem überfüllten und volatilen Markt abzuheben. Die Nützlichkeit ist nicht nur ein Indikator für den aktuellen Wert eines Altcoins, sondern auch ein Vorzeichen für sein zukünftiges Potenzial. Durch die Analyse des Nutzens eines Altcoins können Anleger fundiertere und zukunftsorientierte Entscheidungen treffen, indem sie in Projekte investieren, die nicht nur Wert versprechen, sondern diesen auch durch konkrete Anwendungen und innovative Lösungen nachweisen.

Token-Inhaber und Team: Das schlagende Herz eines Altcoin-Projekts

In der Welt der Kryptowährungen beschränkt sich die Bewertung eines Altcoin-Projekts nicht nur auf seine Technologie oder seinen Nutzen, sondern erstreckt sich auch auf zwei grundlegende Aspekte: seine Inhaber und das Team hinter dem Token. Diese Elemente sind das Herzstück eines Altcoin-Projekts und haben direkten Einfluss auf seine Stabilität, sein Wachstum und sein Erfolgspotenzial. In diesem Einblick werden wir die Bedeutung der Inhaber und des Teams eines Tokens untersuchen und analysieren, wie diese Faktoren bewertet werden können, um fundierte Investitionsentscheidungen zu treffen.

Beginnen wir mit den Inhabern, d. h. den natürlichen oder juristischen Personen, die den Token halten. Ihre Rolle geht weit über das bloße Halten von Vermögenswerten hinaus; sie stehen für das Vertrauen in das Projekt, die Liquidität des Tokens und seine

Verteilung auf dem Markt. Eine eingehende Analyse der Token-Verteilung kann viele Informationen über den Zustand und die Fairness des Projekts offenbaren. Eine hohe Konzentration von Token in den Händen einiger weniger Personen oder Unternehmen (oft als "Wale" bezeichnet) kann ein Zeichen für ein Risiko sein, da diese großen Inhaber die Macht haben, den Preis des Tokens erheblich zu beeinflussen, was zu Volatilität und Marktmanipulation führen kann. Andererseits deutet eine ausgewogenere Verteilung der Token auf ein dezentraleres und damit potenziell stabileres Ökosystem hin.

Ein weiterer wichtiger Aspekt bei der Bewertung von Inhabern ist die Analyse ihres Verhaltens im Laufe der Zeit. Historische Daten über Token-Bewegungen können wertvolle Erkenntnisse liefern. So kann beispielsweise ein hoher Token-Umsatz auf eine hohe Spekulation hindeuten, während ein langfristiges Halten Vertrauen in das Projekt und seine Zukunftsaussichten signalisieren kann. Darüber hinaus kann die Analyse der Token-Bewegungen als Reaktion auf bestimmte Ankündigungen oder Marktereignisse Aufschluss über die Reaktion der Gemeinschaft und ihre Wahrnehmung des Projekts geben.

Betrachten wir nun das Team hinter dem Token, ein ebenso entscheidender Faktor bei der Bewertung eines Altcoin-Projekts. Das Team ist die treibende Kraft hinter dem Projekt und verantwortlich für dessen Vision, Strategie, Entwicklung und Management. Die Bewertung von Fachwissen, Erfahrung und Hintergrund der Teammitglieder ist von entscheidender Bedeutung. Ein Team mit großer Erfahrung im Kryptowährungssektor oder in relevanten Bereichen wie Finanzen, Technologie oder Wirtschaft ist ein positives Zeichen. Es ist auch wichtig, die Erfolgsbilanz des Teams zu bewerten: Hatten sie in der Vergangenheit Erfolg? Haben sie Erfahrung mit der Verwaltung komplexer Projekte?

Transparenz und Kommunikation auf Seiten des Teams sind ebenso wichtig. Ein Team, das seine Fortschritte, Herausforderungen und Zukunftspläne offen kommuniziert, kann das Vertrauen der Anleger stärken. Regelmäßige Updates, Webinare, AMAs (Ask Me Anything) und andere Kommunikationskanäle zeigen das Engagement des Teams, eine offene und ehrliche Beziehung zu seiner Community zu pflegen.

Darüber hinaus ist es wichtig, die Zusammensetzung des Teams zu prüfen: Ist es in Bezug auf Fähigkeiten und Erfahrung vielfältig? Verfügt es über eine solide Organisationsstruktur? Ein gut strukturiertes und vielfältiges Team ist eher in der Lage, die Herausforderungen des Kryptowährungsmarktes erfolgreich zu meistern und Innovation und Wert in das Projekt einzubringen.

Schließlich ist es wichtig, die Interaktion zwischen dem Team und den Nutzern zu berücksichtigen. Ein Projekt, bei dem das Team aktiv in die Gemeinschaft eingebunden ist, auf Feedback hört und darauf reagiert, ist ein Zeichen für ein gesundes Ökosystem und ein Projekt, das seine Nutzer in den Mittelpunkt stellt.

Zusammenfassend lässt sich sagen, dass die Bewertung der Inhaber und des Teams eines Tokens bei der Analyse eines Altcoin-Projekts entscheidend ist. Die Inhaber stehen für das Vertrauen und die Stabilität des Projekts, während das Team das Rückgrat bildet und die Vision und Umsetzung des Projekts leitet. Ein gründliches Verständnis dieser Aspekte kann potenziellen Investoren ein klares Bild von der langfristigen Gesundheit, Fairness und dem Potenzial eines Altcoin-Projekts vermitteln. Bei Investitionen in Kryptowährungen, bei denen Unsicherheit und Volatilität an der Tagesordnung sind, kann die genaue Bewertung von Inhabern und Teams der Schlüssel sein, um eine vielversprechende Investition von einer riskanten zu unterscheiden.

Navigieren im Meer der Kryptowährungen: Wie man vielversprechende Altcoins ausfindig macht

Die Suche nach vielversprechenden Altcoins im riesigen Ozean der Kryptowährungen kann eine einschüchternde Herausforderung sein. Da ständig neue Projekte auftauchen, erfordert die Unterscheidung derjenigen, die das Potenzial haben, zu wachsen und zu gedeihen, Scharfsinn, Geduld und eine gut definierte Strategie. In diesem Aufsatz werden wir uns eingehend mit den Methoden und Techniken zur Entdeckung von Altcoins mit echtem Potenzial befassen und analysieren, wie Anleger sich auf dem Kryptowährungsmarkt zurechtfinden und brauchbare Investitionsmöglichkeiten identifizieren können.

Wenn man sich auf die Suche nach vielversprechenden Altcoins begibt, muss man zunächst seine Bewertungskriterien klar definieren. Wie wir in den vorangegangenen Kapiteln untersucht haben, sind Faktoren wie Tokenomics, Nutzen, Token-Verteilung, das Team hinter dem Projekt und die Community entscheidende Aspekte, die es zu berücksichtigen gilt. Es ist wichtig zu bestimmen, welche dieser Faktoren für den eigenen Investitionsstil und die eigenen Erwartungen am wichtigsten sind.

Sobald die Kriterien festgelegt sind, besteht der nächste Schritt darin, in Informationsquellen einzutauchen. Das Internet bietet eine Vielzahl von Ressourcen, darunter Kryptowährungsforen, Marktanalyseseiten, Blogs und spezielle YouTube-Kanäle. Plattformen wie Reddit, Twitter und Telegram sind voll von Diskussionen und Analysen über die neuesten Trends und Entwicklungen in der Welt der Kryptowährungen. Es ist jedoch wichtig, sich diesen Quellen mit einem kritischen Ansatz zu nähern und Meinungen, die auf einer fundierten Analyse beruhen, von solchen zu unterscheiden, die von Hype oder Spekulationen beeinflusst sind.

Die aktive Teilnahme an Kryptowährungs-Communitys kann eine großartige Möglichkeit sein, einen Einblick zu gewinnen und Informationen aus erster Hand zu erhalten. Viele Altcoin-Projekte haben Telegram- oder Discord-Kanäle, in denen Teammitglieder und die Community Entwicklungen und Zukunftspläne diskutieren und Fragen beantworten. Die Interaktion mit diesen Gemeinschaften kann eine tiefere Perspektive bieten und dabei helfen, den Grad des Engagements und der Begeisterung für das Projekt zu messen.

Ein wichtiger Bestandteil der Forschung ist die technische und fundamentale Analyse. Die technische Analyse, die das Studium von Preisdiagrammen und Handelsmustern umfasst, kann Einblicke in Markttrends sowie Unterstützungs- und Widerstandsniveaus liefern. Die Fundamentalanalyse hingegen konzentriert sich auf den inneren Wert des Projekts, wobei Aspekte wie Technologie, Token-Nutzung, Geschäftsmodell und Wachstumsaussichten untersucht werden. Ein ausgewogener Ansatz, der beide Analysen kombiniert, ist oft am effektivsten.

Darüber hinaus ist es wichtig, Ereignisse und Nachrichten im Auge zu behalten, die den Kryptowährungsmarkt beeinflussen können. Ankündigungen neuer Partnerschaften, technologische Updates, regulatorische Änderungen und andere wichtige Ereignisse können sich unmittelbar auf den Kryptowährungskurs auswirken. Das Abonnieren von spezialisierten Newslettern, das Verfolgen von vertrauenswürdigen Influencern und die Nutzung von Benachrichtigungsdiensten können Ihnen helfen, auf dem Laufenden zu bleiben.

Ein weiterer zu berücksichtigender Aspekt ist die Bewertung des langfristigen Wachstumspotenzials des Altcoins. Dazu gehören die Bewertung des Zielmarktes, des Wettbewerbs, potenzieller Markteintrittsbarrieren und der Skalierbarkeit. Ein Altcoin, der auf einen Nischenmarkt mit wenig Wettbewerb abzielt und einen klaren Wachstumspfad aufweist, kann attraktive Investitionsmöglichkeiten bieten.

Schließlich ist es entscheidend, sich seiner Grenzen bewusst zu sein und eine umsichtige Anlagestrategie zu verfolgen. Investitionen in Kryptowährungen sind mit erheblichen Risiken verbunden, und die Diversifizierung Ihres Portfolios kann dazu beitragen, diese Risiken zu mindern. Es ist wichtig, nur so viel zu investieren, wie man bereit ist zu verlieren und sich nicht von Markteuphorie oder Panik mitreißen zu lassen.

Zusammenfassend lässt sich sagen, dass die Suche nach vielversprechenden Altcoins gründliche Recherche, eine kritische Herangehensweise und eine gut durchdachte Anlagestrategie erfordert. Indem sie den Markt aktiv erkunden, verschiedene Aspekte von Projekten analysieren, sich an Communities beteiligen und über Entwicklungen in der Branche auf dem Laufenden bleiben, können Anleger ihre Chancen auf die Entdeckung von Kryptowährungen mit echtem Wachstumspotenzial deutlich erhöhen.

Allerdings ist es wichtig, Investitionen in Kryptowährungen mit Vorsicht und einem klaren Verständnis der damit verbundenen Risiken anzugehen.

Der Einfluss von Influencern auf Altcoins

In der dynamischen Welt der Kryptowährungen spielt das von Influencern geschaffene Narrativ eine wichtige Rolle bei der Gestaltung der Wahrnehmung und des Wertes von Altcoins. Durch ihre Fähigkeit, über soziale Medien und andere digitale Plattformen ein breites Publikum zu erreichen, können Influencer Markttrends beeinflussen, die Akzeptanz bestimmter Kryptowährungen fördern und manchmal sogar Volatilität auslösen. In diesem Einblick werden wir das Phänomen der Influencer auf dem Altcoin-Markt untersuchen und analysieren, wie ihr Einfluss von Anlegern verstanden und gesteuert werden kann.

Influencer auf dem Kryptowährungsmarkt reichen von bekannten Persönlichkeiten der Branche bis hin zu Prominenten und Persönlichkeiten der sozialen Medien. Ihr Einfluss kann sich auf verschiedene Weise manifestieren: durch Posts und Tweets, in denen sie ihre Meinung zu bestimmten Altcoins äußern, durch Videos, in denen sie Projekte oder Trends analysieren, oder durch Auftritte bei Veranstaltungen und Konferenzen. Diese Aktivitäten können Interesse wecken und den Bekanntheitsgrad eines Altcoin-Projekts erhöhen, was häufig zu einem Anstieg der Nachfrage und folglich des Preises führt.

Für Anleger ist es jedoch wichtig, zwischen einem Hype und einer auf soliden Daten basierenden Analyse zu unterscheiden. Nicht alle von Influencern verbreiteten Informationen oder Meinungen sind unvoreingenommen oder gut informiert. In einigen Fällen können Influencer durch persönliche Interessen motiviert sein, z. B. wenn sie dafür bezahlt werden, ein Projekt zu fördern, oder wenn sie persönlich in einen bestimmten Altcoin investiert haben. Daher müssen Anleger eine kritische Haltung einnehmen und die Glaubwürdigkeit und den Ruf des Influencers sowie den Kontext seiner Aussagen bewerten.

Einer der umstrittensten Aspekte betrifft das sogenannte "Pump and Dump", bei dem Influencer ihren Einfluss nutzen können, um den Preis eines Altcoins künstlich in die Höhe zu treiben, um ihn dann zu einem hohen Preis zu verkaufen, was für diejenigen, die zu überhöhten Preisen gekauft haben, Verluste bedeutet. Diese Praktiken sind nicht nur ethisch fragwürdig, sondern können in bestimmten Rechtsordnungen auch illegal sein.

Um den Einfluss von Influencern effektiv zu steuern, müssen Anleger die Informationen, die sie erhalten, durch eigene Recherchen und Analysen ergänzen. Dazu gehören die technische und fundamentale Analyse des Altcoin-Projekts, die Bewertung seines Marktpotenzials, die Untersuchung seines Teams und seiner Technologie sowie das Verständnis seiner Tokenomik und seines Nutzens, wie in den vorherigen Kapiteln beschrieben.

Darüber hinaus kann das Verfolgen einer Vielzahl von Quellen und Meinungen dazu beitragen, eine ausgewogene und vielfältige Sichtweise zu gewinnen. Anstatt sich auf einen einzigen Influencer oder Kanal zu verlassen, täten Anleger gut daran, eine Reihe von Standpunkten zu erkunden, einschließlich derer von Analysten, Branchenexperten und Mitgliedern der Kryptowährungsgemeinschaft.

Die direkte Interaktion mit Altcoin-Projekten über deren offizielle Kanäle wie Websites, White Papers, Blogs und Foren bietet ebenfalls einen informativen Gegenpol zu den Erzählungen der Influencer. Die Teilnahme an Community-Diskussionen, das Stellen von Fragen und das Einholen von Auskünften direkt von den Projektteams können wertvolle Einblicke bieten, die über die oberflächlichen Erzählungen hinausgehen.

Schließlich ist es für Anleger wichtig, sich ihrer eigenen Ziele und Risikotoleranz bewusst zu sein. Eine Investition in Kryptowährungen, die ausschließlich auf den Meinungen von Influencern basiert, kann riskant sein und entspricht nicht immer den individuellen Anlagezielen. Eine Anlagestrategie, die auf gründlicher Recherche und einem persönlichen Verständnis des Marktes beruht, ist entscheidend.

Zusammenfassend lässt sich sagen, dass Influencer zwar eine wichtige Rolle auf dem Altcoin-Markt spielen und dessen Wahrnehmung und manchmal sogar seinen Wert beeinflussen können, dass es für Anleger jedoch unerlässlich ist, einen kritischen und gut informierten Ansatz zu verfolgen. Die kritische Bewertung von Informationen, die Integration mehrerer Quellen, die direkte Interaktion mit Projekten und das Festhalten an den eigenen Anlagezielen sind entscheidende Schritte, um sich in der dynamischen Welt der Kryptowährungen erfolgreich an der Schnittstelle zwischen Influencer-Narrativ und Marktrealität zu bewegen.

Am Ende dieser Erkundungsreise in die Welt der Kryptowährungen ist klar, dass wir vor einer Ära außergewöhnlicher Innovationen und Veränderungen stehen. Dieses Buch sollte ein Kompass sein, um durch die Komplexität und die Herausforderungen des Kryptowährungsmarktes zu navigieren und Werkzeuge, Wissen und Einsichten zu vermitteln, um diese sich schnell entwickelnde Branche zu verstehen und an ihr teilzuhaben.

Wir begannen mit einer Einführung in die Grundlagen von Kryptowährungen und erkundeten ihre Geschichte, die Blockchain-Technologie und das Prinzip der Dezentralisierung. Dies vermittelte uns ein Verständnis für die Grundlagen, auf denen die gesamte Branche aufbaut, sowie ein Verständnis für ihr Potenzial und ihre Herausforderungen. Anschließend analysierten wir einige der bekanntesten Akteure auf diesem Markt, wie Bitcoin und Ethereum, und befassten uns mit den jüngsten Innovationen und Trends im Jahr 2024, einschließlich des bedeutenden Bitcoin-Halbierungsereignisses.

Das zweite Kapitel führte uns durch den praktischen Prozess des Kaufs von Kryptowährungen und untersuchte die verschiedenen Börsenplattformen, die Arten der verfügbaren Wallets und die Besonderheiten der dezentralen Börsen. Dieser Abschnitt bot einen praktischen und detaillierten Überblick darüber, wie man auf informierte und sichere Weise in den Kryptowährungsmarkt einsteigen kann.

In den folgenden Kapiteln haben wir sowohl kurzfristige als auch langfristige Anlagestrategien erforscht und verschiedene Ansätze und Techniken wie den PAC auf Bitcoin und den Einsatz von Trading Bots analysiert. Anschließend tauchten wir in die Welt der technischen und fundamentalen Analyse ein und gaben Anlegern die Werkzeuge an die Hand, um Märkte zu interpretieren und Entscheidungen auf der Grundlage von Daten und Analysen zu treffen. Das Kapitel über Anlagepsychologie unterstreicht die Bedeutung des Umgangs mit Emotionen und einer rationalen Herangehensweise, während der Abschnitt über die Besteuerung von Kryptowährungen in Italien einen wichtigen Leitfaden für die steuerlichen Aspekte dieses Sektors bietet.

Das sechste und letzte Kapitel war ein tiefes Eintauchen in die Welt der Altcoins, wobei Methoden zur Bewertung von Projekten, zum Verständnis von Tokenomics und Nutzen, zur Bewertung von Teams und Token-Inhabern, zur Entdeckung neuer Kryptowährungen und zum Verständnis der Bedeutung der von Influencern geschaffenen Erzählungen untersucht wurden.

Zusammenfassend lässt sich sagen, dass dieses Buch ein umfassender Leitfaden für jeden sein soll, der den Kryptowährungsmarkt verstehen und an ihm teilnehmen möchte. Wir haben jeden Aspekt der Branche untersucht, vom Technischen zum Praktischen, vom Analytischen zum Psychologischen, mit dem Ziel, umfassendes und tiefgehendes Wissen zu vermitteln.

Das Kryptowährungsuniversum ist ein sich ständig weiterentwickelnder Sektor, in dem jeden Tag neue Herausforderungen und Möglichkeiten entstehen. Als Investor oder Enthusiast ist es entscheidend, informiert, flexibel und offen für Veränderungen zu bleiben. Der Schlüssel zum Erfolg in dieser Branche ist nicht nur technisches Wissen, sondern auch die Fähigkeit, sich anzupassen, kontinuierlich zu lernen und die Wellen eines sich schnell bewegenden Marktes zu navigieren.

Am Ende dieses Leitfadens wird deutlich, dass die Reise in die Welt der Kryptowährungen gerade erst begonnen hat. Da ständig neue Technologien, Projekte und Innovationen entstehen, bietet dieser Sektor einen fruchtbaren Boden für Investitionen, Entdeckungen und persönliches Wachstum. Egal, ob Sie ein erfahrener Anleger, ein neugieriger Anfänger oder einfach nur ein Technologie-Enthusiast sind, Kryptowährungen bieten eine Welt voller Möglichkeiten, die es zu erkunden gilt. Mit dem Wissen und den Strategien aus diesem Buch sind Sie nun besser gerüstet, um an dieser digitalen und monetären Revolution teilzunehmen.

Bild von <a href="https://it.freepik.com/vettori-gratuito/collezione-di-infografica-grafico-a-cascata-design-piatto_9006574.htm#query=stock%20candel&position=14&from_view=search&track=ais&uuid=a4137892-ad53-4ae3-b61c-ca710dc292cf">Freepik</a>